金融科技十讲专

（以下排名按讲座顺序）

杨涛
中国社会科学院国家金融与发展实验室副主任，北京立言金融与发展研究院院长

陈钟
中关村金融科技产业发展联盟金融科技人才专委会主任，北京大学金融信息化研究中心主任

吴锋海
联动数科（北京）科技有限公司总裁

陈云凯
百融云创副总裁

宋华
中关村互联网金融研究院首席供应链金融专家，中国人民大学商学院教授

董希淼
中关村互联网金融研究院首席研究员，中国人民银行支付结算司外部专家

左春
中关村金融科技产业发展联盟副理事长，中科软科技股份有限公司董事长兼总裁

刘勇
中关村互联网金融研究院院长，中关村金融科技产业发展联盟秘书长

杜宁
中关村金融科技产业发展联盟副理事长，中国互联网金融协会金融科技专委会副主任委员

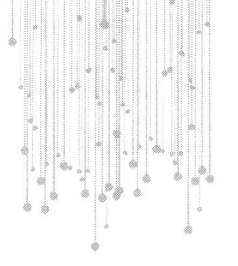

LECTURES ON FINTECH

金融科技十讲

刘勇 等◎著

中国人民大学出版社
·北京·

图书在版编目（CIP）数据

金融科技十讲/刘勇等著. --北京：中国人民大学出版社，2020.12
ISBN 978-7-300-28878-9

Ⅰ.①金… Ⅱ.①刘… Ⅲ.①金融-科学技术-研究 Ⅳ.①F830

中国版本图书馆 CIP 数据核字（2020）第 271531 号

金融科技十讲
刘勇 等 著
Jinrong Keji Shijiang

出版发行	中国人民大学出版社			
社　　址	北京中关村大街 31 号	邮政编码	100080	
电　　话	010-62511242（总编室）	010-62511770（质管部）		
	010-82501766（邮购部）	010-62514148（门市部）		
	010-62515195（发行公司）	010-62515275（盗版举报）		
网　　址	http://www.crup.com.cn			
经　　销	新华书店			
印　　刷	北京昌联印刷有限公司			
规　　格	170 mm×230 mm　16 开本	版　次	2020 年 12 月第 1 版	
印　　张	12.25　插页 1	印　次	2022 年 1 月第 2 次印刷	
字　　数	137 000	定　价	59.00 元	

版权所有　侵权必究　　印装差错　负责调换

前　言

近几年，数字货币、"非接触银行"、开放银行、智能投顾、大数据征信、移动支付、新基建等一系列新名词陆续出现，不断拓展人们对金融科技的认识边界。金融科技是一个充满想象力的词语，在新一轮科技革命和产业变革的背景下，金融科技呈现出蓬勃的生命力，不断衍生出更多的新兴业态，科技与金融的融合更加深入。

2019年8月，中国人民银行正式发布《金融科技（FinTech）发展规划（2019—2021年)》，体现了监管机构对金融科技发展的高度重视。党的十九届四中全会首次将"数据"列为生产要素参与分配，以数据为基础动能的数字经济模式将带动金融科技实现新的跨越。金融科技是以前沿技术驱动的创新产业，无论是有着深厚积淀的大数据、人工智能、云计算技术，还是新兴的区块链、量子、生物识别技术，它们都将不断重塑金融价值链，提高金融的风险定价能力，推动我国的金融体系不断完善、金融市场功能愈加健全、金融服务实体经济的作用更加明显。科技的爆发式发展和用户的深度拥抱让中国的金融科技跳出了原有的金融工具、金融渠道和金融服务框架，在新的跑道上不断实现突破。

在新冠肺炎疫情暴发、全球经济承压的大环境下，金融科技以其附加值高、经济带动性强的特点，成为我国新兴战略产业的关键布局点与经济新旧动能转换的重要支撑点。金融科技在加速金融机构数字化转型，赋能企业各环节价值链升级，构建开放、合作、共赢的金融服务生态体系方面的独特价值逐渐显现。在此背景下，中关村互联网金融研究院、中关村金融科技产业发展联盟自2020年3月起力邀金融科技行业资深研究者与实践者分享他们在各自领域的洞察，并结集成书。本书内容丰富全面、通俗易懂，涵盖了目前金融科技行业人们最关注的话题。

本书总共包括十讲。第一讲新形势下金融科技变革与转型，详解如何围绕服务客户、平衡监管、创新业务、构建生态等战略层面构建金融机构数字化转型路径；第二讲区块链技术解读，具体分析在整个信息技术发展浪潮中尤其是"互联网＋"进入以赛博空间为重要标志的下半场，区块链技术的演变与突破；第三讲区块链技术应用，介绍区块链技术的本质、特征与落地应用，包括供应链金融、跨境贸易金融、大宗商品交易等场景；第四讲人工智能发展与银行业数字化转型，详细分析人工智能技术在推动银行智能营销、智能风控、智能客服、智能投顾等方面的发展；第五讲金融科技使能供应链金融，根据科技在供应链中的渗透程度，分析四种不同类型的科技金融在供应链中的模式；第六讲"非接触银行"服务体系构建，提出通过3个层面、3种技术与3种服务模式构建"非接触银行"服务体系；第七讲精准保险与保险科技，重点阐释精准保险的必要性和实现及保险业的新趋势；第八讲金融科技与科技金融融合，详细分析金融科技赋能科技金融服务科创企业的发展模式与路径；第九讲央行数字货币的"前世今生"与未来，详细分析央行数字货币作为数字经济时代的"新基建"，将对个人生活、其他第三方支付机构以及商业银行产生重要影响；第十讲监管科技，深入探讨监管科技的现实意义。

前　言

另外，本书在相关部分附有应用案例，兼具理论高度与实践创新。读完本书，你会对金融科技目前的发展概况、未来的发展趋势等有进一步的理解与把握。本书以期通过专家视角解读金融科技发展态势，为金融科技从业者的业务探索提供有效支撑，为金融科技相关监管部门、自律组织等各方决策提供参考资料，为高等院校师生和广大读者提供有价值的思考。最后，对各位专家的积极参与，以及申宇婧、曹婷婷、吕云鹏、孙鲁等人员的辛勤付出表示感谢。

目 录

第一讲　新形势下金融科技变革与转型　1
　　金融科技的发展和变革　3
　　金融科技应用新领域　11
　　金融科技助力机构数字化转型　15

第二讲　区块链技术解读　23
　　区块链核心技术的发展与突破　25
　　区块链技术赋能实体经济和金融场景　33
　　区块链技术与疫情防控　36

第三讲　区块链技术应用　39
　　区块链技术的本质　41
　　区块链＋应用　48
　　区块链的未来展望　56

第四讲　人工智能发展与银行业数字化转型　63
　　人工智能的概念及发展历程　65
　　人工智能产业链及应用　70

人工智能推动银行第四次进化　74

第五讲　金融科技使能供应链金融　87

重新认识供应链金融　89

科技推动供应链金融发展　93

供应链金融风险控制的核心　99

第六讲　"非接触银行"服务体系构建　105

"非接触银行"产生的背景　107

"非接触银行"的落地　110

"非接触银行"体系构建　111

第七讲　精准保险与保险科技　121

精准保险与保险科技的关系　123

精准保险的必要性　125

精准保险的实现　127

数据融合与精准保险　129

保险行业的新趋势　132

第八讲　金融科技与科技金融融合　135

金融科技与科技金融融合发展逻辑　137

金融科技与科技金融融合发展形势　139

海外融资模式　141

金融科技与科技金融融合路径分析　145

金融科技与科技金融融合中存在的问题　150

金融科技与科技金融融合发展建议　151

第九讲　央行数字货币的"前世今生"与未来　155

央行数字货币的由来　158

央行数字货币的特点　160

央行数字货币将如何改变我们　163

央行数字货币何时到来　166

第十讲　监管科技　169

　　　监管科技的时代背景与现实意义　171

　　　监管科技的角色与目标　174

　　　监管科技实施路径　176

　　　监管科技的未来展望　183

第一讲

新形势下金融科技变革与转型

第一讲
新形势下金融科技变革与转型

杨涛 中国社会科学院国家金融与发展实验室副主任，产业金融研究基地主任，金融研究所支付清算研究中心主任。兼任北京立言金融与发展研究院院长、北京金融科技研究院监事长、厦门鹭江金融科技研究院院长。研究兴趣包括：宏观金融与政策、产业金融、金融科技、支付清算等。

金融科技的发展和变革

众所周知，金融科技不仅要从金融自身来谈，更重要的是把握经济社会发展的大环境，了解因素的变化、周期的变化。2020年一季度无论是从短期因素还是从长期因素来看，全球经济下行的压力进一步凸显。比如，OECD（经济合作与发展组织）下调了2020年的增速预期，也下调了美国、欧元区、日本、英国前期预期的经济增长，这进一步反映出人们对2020年经济发展前景的担忧。

我国近两年也面临经济转型的重要挑战，经济增长的源泉主要包括要素积累和技术进步。要素积累可以是储蓄率上升带来的资本积累，劳动人口增长带来的劳动力增加。支撑我国经济高速增长的要素环境也发生了众多变化，而疫情加剧了这种负面的影响，短期内实现经济转型存在一定的困难。

然而，从边际上来看，还是有一些改良的方向，这些改良有助于缓解经济下行的压力。其中一个重要的着力点就是数字化转型。2019年9月4日联合国贸发会议发布名为"数字经济2019"的报告。这个报告指出，美国与中国在技术创新方面基本上位于全球前列。此外，近年来全球互联网的数据流量显著增长，1992年全球互联网每天仅有100G的流量，到2017年已经飙升至每秒45 000G，预计到2022年会进一步增加。

这意味着在传统的经济运行体系与空间之外,一个全新的数字化空间数据价值链逐渐发展起来。中国和少数几个国家(包括印度和美国),是全球比较少的巨国模型。每个巨国模型所代表的经济体的交易复杂度、经济部门的复杂性、人的活动的复杂性都是前所未有的。如果在现有的复杂体系内进一步推动数字化改造,进一步加快市场化改革,则会激发巨大的发展活力,来对冲经济下行的压力。

数字化变革体现了以下几方面的内容:

第一方面是全新的数字经济模式。自电子商务发展以来,新经济模式不断涌现,对经济社会发展起到了巨大的促进作用。在疫情的冲击下,基于线上的经济发展模式进一步展现出生命力。

第二方面,传统产业存在巨大的数字化改造空间,这同样代表了未来中国经济进行体制改造的重要动力。

第三方面,数字化给基础设施建设带来众多新压力、新挑战。数字化的基础设施和经济基础设施、社会基础设施一样,决定了未来数字经济发展的空间究竟有多大。比如线上会议越来越火爆,但与此同时,制约线上会议发展的不再是获取流量软件方面的因素,而是网络、硬件等基础设施能否跟上线上活动的快速增长。

无论是金融科技还是数字化转型,不仅是为了应对短期经济下行的压力,更重要的是适应经济社会发展往数字化方向转型的大趋势。与经济社会的数字化同步,金融呈现出数字化转型与变革的大趋势。近年来从互联网金融到金融科技,人们经历了一轮挑战和尝试,金融科技的创新逐渐步入正轨。

回顾历史,2015年7月,中国人民银行等十部委发布《关于促进互联网金融健康发展的指导意见》,对互联网金融做了一个描述,但这个描述具有一定的阶段性特征,并且与当时国内比较火爆的一些典型的互联网金融业态有密切联系。慢慢地，在互联网金融发展当中出现了一些问题。无论基于国际视角还是国内视角，金融与科技的融合逐渐回归金融机制、金融原理。比如金融稳定理事会（FSB）在 2016 年对金融科技下了一个定义，即新技术带来的金融创新，通过创造新的业务模式、应用、流程或产品，对金融市场、金融机构或金融服务的提供方式产生重大影响。在这个过程当中仍然需要遵循金融市场的基本规律。

一方面，互联网金融的整治逐渐进入收尾阶段；另一方面，2019 年央行等几部委推出了金融科技的规划。与上一轮互联网金融时代摸着石头过河的状况有所不同的是，这一轮在顶层设计、理论认识、规范约束方面打了一个比较好的基础。在此基础上推动金融科技进一步的创新与发展，应该是可以预期的。为什么会回到金融科技的主线上呢？可以参考图 1-1。

整个现代金融业就是一部科技发展史，尤其是自 20 世纪 60 年代以来，基本上每隔 10 年技术就会快速迭代。与之相应，在金融领域以银行为代表，传统的存贷汇都在发生重大的变化。进入 21 世纪，新兴技术快速迭代，金融的创新与业务活动具有前所未有的复杂性，原有金融业的基本架构被重塑，带来多种具有变革意义的业务、功能、渠道、组织创新。以电子支付为例，从银行卡到条码支付，由第三方支付所引领的零售支付的创新工具和模式不断涌现。只有技术给予支撑和保障，才有可能在支付清算领域实现跨越式发展。

我国电子支付发展概况

目前，我国的第三方支付发展全球领先，这离不开支付技术不断的创新突破，从信用卡、"金卡工程"到移动支付、第三方支付市场的规范发展，我国的支付产业正朝着提升用户体验与保障支付安

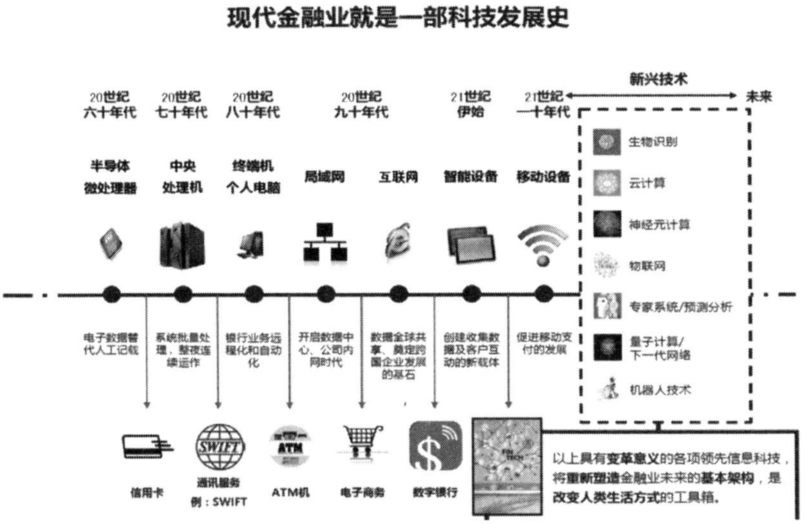

现代金融业就是一部科技发展史

图 1-1 现代金融业与科技融合的发展历史

资料来源：国家金融与发展实验室.

全并重的方向发展。

1. 1985 年，中国银行发行第一张信用卡"长城卡"

中国银行于 1986 年 10 月做出推广"长城卡"的决策，并在全国范围内发行了统一命名的"长城信用卡"，简称"长城卡"。该卡使用人民币为统一的结算货币，自此国内通用的人民币信用卡诞生了。到 1992 年 9 月，中国银行西藏自治区分行在拉萨市发行长城信用卡，"长城卡"成为第一张在全国范围内发行的信用卡。

2. 1991 年，全国卫星通信电子联行代替手工联行

1991 年 4 月，首批电子联行业务在广州、哈尔滨等 7 个城市运行，自运行以来其系统稳定性不断提高、业务量不断增加。电子联行使异地资金的汇划在几秒钟内就可完成，展现了异地资金汇划"快、准、平、清、安全"的优点。此举推动了联行清算体系的改革

和发展，为我国的清算系统和国际接轨创造了条件。1995 年，电子联行"天地对接"工程实施，进一步扩大了电子联行的覆盖面、加快了资金划转速度。

3. 1994 年，金卡工程实施

1994 年 6 月，国务院批准首批 12 个省市启动金卡试点工程建设。1997 年，12 个试点城市银行卡信息交换中心全面开通。

4. 1999 年，第三方支付企业成立

北京环迅股份公司和上海首信电子商务有限公司成立，这是我国最早的第三方支付企业。

5. 2002 年，银联成立

2002 年 3 月 26 日，经国务院同意，中国人民银行批准，中国银联股份有限公司在上海成立。中国银联是中国银行卡联合组织，处于银行卡产业的核心和枢纽地位，是实现银行卡系统互联互通的关键所在。

6. 2005 年，大额实时支付系统正式运行

该系统主要处理同城和异地的大额贷记支付业务和紧急的小额贷记支付业务。大额支付指令逐笔实时发送、全额清算资金，主要为银行业金融机构和金融市场提供快速、高效、安全、可靠的支付清算服务，是支持货币政策实施和维护金融稳定的重要金融基础设施。

7. 2006 年，小额批量支付系统正式运行

该系统是继大额实时支付系统之后中国人民银行建设运行的又一重要应用系统，主要处理同城和异地纸凭证截留的借记支付业务和小额贷记支付业务。中国人民银行通过建设以大、小额支付系统为主要应用系统的现代化支付系统，将逐步形成以中国现代化支付系统为核心，商业银行行内系统为基础，票据交换系统和卡基支付系统并存，支撑多种支付工具的应用并满足社会各种经济活动支付

需要的中国支付清算体系。

8. 2007年，支票影像交换系统正式上线

全国支票影像交换系统是指运用影像技术将实物支票转换为支票影像信息，通过计算机及网络将影像信息传递至出票人开户银行提示付款的业务处理系统，它是中国人民银行继大、小额支付系统建成后的又一重要金融基础设施。影像交换系统定位于处理银行机构跨行和行内的支票影像信息交换，其资金清算通过中国人民银行覆盖全国的小额支付系统处理。

9. 2010年，中国人民银行正式发布《非金融机构支付服务管理办法》

该政策旨在促进支付服务市场健康发展，规范非金融机构支付服务行为，防范支付风险。

10. 2011—2013年，快捷支付出现并快速发展

快捷支付指用户购买商品时，不需要开通网银，只需提供银行卡卡号、户名、手机号码等信息，银行验证手机号码的正确性后，第三方支付发送手机动态口令到用户手机号上，用户输入正确的手机动态口令，即可完成支付。它是银行针对第三方支付机构所采取的提升支付快捷性、便利性的支付创新手段。

11. 自2014年起，条码支付快速发展

条码支付是支付宝为线下实体商户提供的一种快捷、安全的现场支付解决方案。无须安装POS机，直接通过已有收银系统或手机，扫描用户手机上的条形码或二维码即可向用户发起收银。条码支付经历了从"叫停"到规范发展的过程，为支付宝等第三方支付机构积累了大量支付场景。

12. 2020年，《人脸识别线下支付行业自律公约（试行）》发布

该政策由中国支付清算协会组织制定，旨在规范人脸识别线

第一讲 新形势下金融科技变革与转型

下支付（以下简称刷脸支付）应用创新，防范刷脸支付安全风险。目前，刷脸支付逐步兴起，刷脸支付的快速兴起不仅改变着人们的生活，更带动了相关移动支付产业链的腾飞。伴随5G、AI、IoT等前沿黑科技的加速应用落地，中国刷脸支付产业正加速崛起。

理解金融科技有不同的视角，除了可以从新兴的业务功能、产品的角度理解，还可以从金融科技服务的行业主体角度理解。无论从广义还是狭义的角度，提供金融科技服务的四大主体都值得关注。

第一是银行、保险，包括证券、信托等持牌金融机构。从全球来看，它们都在积极应用新技术，并且尝试金融科技输出，是金融科技创新的重要主体。第二是互联网企业，主要是大型互联网企业。比如这两年BigTech[①]（大型科技企业）利用自身的优势，在金融业务、类金融业务、科技输出方面都有广泛的布局，受到各方高度关注。第三是新一代技术企业。这类企业不做金融业务，更多提供技术解决方案，通过外包服务支持金融机构、类金融组织、监管机构和政府部门。新一代技术企业是金融科技创新的重要主体。第四是互联网金融和类金融组织。它们经历了进一步的整顿以实现合规发展，并体现出自身的技术能力，也是提供金融科技服务的重要主体。

从当前国家的政策方向（包括央行金融科技规划落地的一系列措施以及近期相关部门出台的一些规定）来看，首先是鼓励并支持持牌金融机构

---

① 最早使用这一名词的是新闻媒体。在早期的一些报道中，部分西方媒体曾把谷歌、亚马逊、脸书和苹果合称为"BigFourTech"（四大科技企业）。后来，一些报道在这四家公司的基础上加入微软，将它们并称为"BigFiveTech"（五大科技企业）。再后来，人们干脆把"Big"和"Tech"之间的量词去掉，用BigTech来泛指那些拥有庞大用户、具有广泛业务的科技企业，包括中国的BAT在内的一大批企业也都被划入这一行列。

的金融科技创新和发展。除此之外，如何更好地规范发展 BigTech 类企业，怎样促使新技术企业与持牌金融机构有效合作，都是值得关注的重点。互联网金融、类金融组织则必须持牌经营金融业务，这是未来各国监管的一个重要方向。

未来几年，银行、证券、保险这些持牌金融机构将成为重要的金融科技创新主体。与此同时，BigTech 会与持牌金融机构形成重要的互补，新一代技术企业将成为重要的外部支撑。上一轮互联网金融时代涌现出来的新金融模式鱼龙混杂、良莠不齐，需要加以甄别。

目前是金融科技发展的重要窗口期，既要避免互联网金融重蹈覆辙，又要抓住重大历史发展机遇。有 9 个要点值得进一步思考：

（1）人才。金融科技的创新离不开人才。某些领域需要复合型人才，但更多领域需要的并不是复合型人才，毕竟复合型人才是少数。所以多数人应进一步提升自己的专业能力，避免被 AI、机器所替代。比如 AI+金融，在可解释、可验证等方面还有不足之处，中间有大量的黑箱，如果利用人才的专业能力弥补不足，人才的不可替代性会进一步增强。所以人才是第一个要点。

（2）技术。大数据、人工智能、区块链等新技术快速发展，在金融领域逐渐应用。

（3）数据。数据是数字化时代最重要的生产要素之一。

（4）场景。所有的金融科技创新最终都要落到特定的场景中。

（5）资本。从全球来看，主要的金融科技创新中心，不仅是场景应用的中心，往往也是投资和支持金融科技从业主体快速发展的资本集聚中心。

（6）产业。所有的金融科技创新最终都要服务某些产业，这也是金融服务实体的最终落脚点。

（7）监管与政策。金融科技的创新必须在监管允许的范围之内。

（8）硬件。硬件是基础设施。

（9）文化。这直接涉及软实力、软性竞争力问题。

总之，金融科技的创新、金融机构的数字化转型不是短期的事情，中长期应适应经济社会发展的内在规律。

金融科技应用新领域

新冠肺炎疫情给我国经济社会带来较大的冲击，对金融服务模式也会产生深远影响。从宏观的角度来看，未来经济金融体系会呈现出三个值得关注的变革趋势：

第一，更加重视数据优化与标准化，运用大数据方法来解决信息不对称问题，为数字化时代积累重要的生产要素奠定基础。数据就是数字化时代最重要的生产要素，数据不足会导致信息不对称。但在目前海量数据充斥的环境下，大量的数据泡沫、非标准化的数据、存在问题的数据，同样也会带来信息不对称。因此，下一步金融科技的创新应用始终离不开数据基础的优化与标准化。

第二，金融业将进一步拥抱人工智能、区块链新技术，推动产品与服务的线上化、移动化、智能化。

第三，新技术难以单兵突进，它的发展离不开合理、透明、规范的制度规则。虽然现在越来越强调技术带来的冲击和影响，但技术本身其实是难以单兵突进的，因为经济活动、金融活动还是人的活动，所以离不开合理、透明和规范的制度规则。

从中观角度进一步聚焦，金融科技从技术端到业务端的中间环节的联动性正在逐步提升。受疫情影响，短期内提出了项目建设、场景建设非常迫切的需求。在如此巨大的压力下，技术、业务与中间环节的联动性进一步提升。中间环节则包括技术标准、平台服务模式、监管和政策等,保障了金融科技生态与产业链的高效运转。

另外,金融科技的创新离不开供给端与需求端两大要素的影响。供给端要素包括技术与监管。需求端的要素是企业与消费者偏好。从全球范围来看,影响金融科技创新的深度和广度的最大因素体现在监管层面。监管给予的空间直接决定了金融这样的特殊行业究竟能够在多大程度上跟技术相融合。来自需求端的企业与消费者偏好体现为人们对线上化、移动化、数字化的适应度不断提升。

进一步具象化来看,金融机构的金融科技创新分为以下几个方面:

(1)业务、产品与服务。以银行业为代表,银行的存贷汇业务受到了深刻的冲击和影响。比如保险行业中保险科技已经成为金融科技创新中一个重要的参与者,金融科技在证券、信托等其他持牌金融机构领域也在快速迭代和发展。

(2)主体与组织架构。众多金融机构在主体组织架构方面不断做出探索和转变。比如银行内部包括网金部门,在金融科技发展过程中,它们都在不断探索如何使自己的组织架构达到最优。

(3)风控与安全。风控与安全一直是金融机构健康发展最重要的生命线。智能风控已经成为各方关注的一个重要方面。

(4)合作模式与生态。这不仅涉及银行与非银行金融机构之间的关系,还涉及金融机构与技术企业之间的关系,金融机构与流量组织、平台、大型 BigTech 之间的关系。合作模式与生态的复杂程度前所未有。

(5)在技术与金融基础设施上的投入。广义上的金融科技创新业务,按照巴塞尔委员会的思路,分为支付结算、存贷款资本筹集、投资管理与市场设施。这些年在基础设施方面的投入呈不断增长的态势。

前几个方面涵盖了主要的金融业务的特点,最后一方面是非金融业务，主要涉及能够支撑金融行业健康发展的跨行通用的一些基础设施、基础设备等。它决定了承载于其上的金融科技创新能否顺畅地推进。所以金融机构的金融科技创新一直在延续，在未来仍将不断推进。

经过疫情的短期压力测试，中长期来看，判断哪些领域可以进一步往前探索不只是监管面临的挑战。行业要全面提升技术能力、规范性、认知水平、综合能力来应对政策给予的短期空间所带来的挑战，具体体现在如下方面：

第一，非接触与零接触服务。非接触与零接触服务能够对机构供给与客户需求两端都产生非常深远的影响。机构供给端需要不断改善自己的服务产品，提高供给优化的动力。更为重要的是对客户需求端产生的影响。过去由于数字鸿沟的存在，特定的用户群体因为是弱势群体而难以掌握数字化的手段与能力，在享受数字服务方面有障碍。随着数字化对金融体系和经济体系的改进，这一类客户对数字化服务的需求将增加。来自客户端的压力会倒逼线上业务快速发展，跨越 PC 互联网阶段，向移动互联网阶段进一步提升。

第二，支持中小微企业。金融机构的"抗疫"更多体现在普惠金融方面，但是对中小微企业的支持力度有限。一方面是因为原有金融科技在 B 端业务发展中存在一些天然的瑕疵和不足。另一方面是因为中小微企业在疫情冲击下的融资需求是短期需求，更大的影响来自金融之外。

第三，服务供给的多渠道、多视角协同。金融机构在金融科技应用与数字化转型过程当中有各种各样的布局，但是这些布局之间的协同程度有待提高。未来，明晰客户对便捷服务的要求，会进一步倒逼金融机构更好地协同整合不同渠道、不同视角、不同部门，而不是进行撒网式布局。

第四，更重视 B 端业务。C 端业务受金融科技的冲击非常大，我国已经在世界上占据了一个相对有特色的地位。但是在B端业务方面，金融科技的应用还存在很大的不足。目前，社会越来越关注基于供应链、贸易链、产业链的产融结合式创新，这是未来发展的重要方向。但是要避免"新瓶装旧酒"的现象，应利用新技术，通过平台合作落地最佳场景来缓解供应链金融中天然的痛点与矛盾。

第五，全新的风控压力。未来，金融科技创新对风险和安全提出了更高的要求，尤其是对线上业务积累不足、金融科技创新应用存在不足、人才与技术能力储备不足的银行来说。利用线上手段服务于本身数据积累不够、信用评估比较难的企业，给风控带来了极大的挑战。

第六，对金融行业数字化能力的进一步提升造成压力。商业银行、其他金融机构在更好地利用金融科技手段对外赋能的同时应审视自身经营的数字化程度，在关注前台给客户赋能的同时还要应对中后台线上化提出的挑战，全面改进自身的运营能力。

第七，非融资性服务的创新不断加速，包括支付清算、风险管理、投资与财富管理。比如，如何实现精准保险，如何更好地进行财富管理与资产配置。

第八，单独聚焦监管因素。在疫情影响下，监管部门推出了一些短期内可以进一步推动创新和发展的政策。这些政策体现为某种压力测试，或者说是某种监管沙箱。以线上开户为例，监管层提出银行可以在有效防控风险，准确识别客户身份和开户意愿的前提下，综合运用远程视频、人脸识别、电子证照等方式，通过电子渠道为客户办理开户变更等业务，但疫情结束后，银行仍需及时联系客户补齐相关手续。这一系列政策虽然具有短期效应，但是对未来进一步探索相关领域的改革发挥了推动作用。当然，疫情之后进一步推动远程开户改革，也应充分考虑效率与安全的平衡。与远程开户有关的配套法律规则、内控机制也需要进一步完善，从制度上保障电子单证、影像、签章、数据等的合规合法性。

金融科技助力机构数字化转型

下面回到中长期视角,分析金融科技如何助力金融机构的数字化转型,以最重要的金融机构主体——银行作为典型案例来进行剖析。

影响以银行业为代表的金融机构的因素越来越多,比如经济周期、产业周期、监管周期、银行周期、技术周期。曾经有人认为进入 21 世纪,中国银行业改革非常成功,表面上看是上市股改,其实背后是 2003 年开始的一轮全球黄金增长的周期。如果条件变了,银行业等金融机构的好日子是否还会继续?实际上这几年已经明显感受到这种挑战。以美国为例,美国银行业主要包括联邦存款保险公司(FDIC)体系下所有参加存款保险的商业银行和储蓄机构,截止到 2019 年年末,这些机构总共有 5 193 家,商业银行 4 521 家,储蓄机构 662 家,外资银行分行 10 家。FDIC 的数据显示,1985 年美国银行曾经多达 18 000 多家。可以看到,在一个市场经济国家,银行业和企业一样变化很快,10 000 多家退出市场的机构中有近 1/4~1/3 是因为破产,其余主要是通过并购重组退出市场,破产的机构更多是实力较弱的小机构。在快速变化的市场经济国家,商业银行面临的压力越来越大,应对挑战有不同的着力点,技术投入是其中一个重要方向。

美国咨询公司 Celent 曾预测 2019 年美国银行业科技投入将超过 1 000 亿美元,新科技的研发将占信息技术支出的 37%,2020 年该比例会增长至 40%,2022 年将达到 50%。大型银行在科技创新领域处于领跑地位。2019 年,摩根大通的科技预算为 114 亿美元,位居行业第一,较 2018 年增长 5.6%,其中近一半的科技预算用于在内部实施颠覆性科技应用，另一半则主要用于系统和数据的维护。排名第二的美国银行2019年的科技预算也达到100亿美元，其中30%用于技术创新投资。位列第三和第四的是富国银行和花旗集团，2019年的科技预算分别为90亿美元和80亿美元。大型银行和中小银行在科技投入上的差距日益扩大，规模较小银行的投入金额明显落后，处于竞争劣势。未来中小银行可能会通过更多地使用第三方科技外包服务或开展行业内并购来获得竞争优势。

无论是银行信息化、电子化、银行金融科技还是开放银行，这些概念背后都意味着新技术、新模式对银行的组织架构、业务和机理的重构，归根结底就是利用先进的技术实现银行效率、效益、效果的全面提升。在全球的银行数字化转型变革中，可以借鉴的有三类：第一类是中小银行的数字化重生。第二类是全新的新兴数字化虚拟银行。从英国的Atom Bank（原子银行）到我国的微众银行、网商银行，这些都是没有历史包袱、具有新兴基因的银行。第三类是大型银行的数字化道路。

需要特别关注中小银行的数字化重生道路。大量小银行在竞争中不得不黯然退出市场，而生存下来的小银行都离不开几个大的发展方向：（1）扎根于地方，扎根于社区，不进行大规模扩张，更多地服务于地方，服务于社区。在美国和其他欧洲国家，有一些银行在家族里传承多年，不会受到太大的金融与经济危机的冲击。（2）融入大型金融集团的平台中，获得更多平台资源的支持。（3）进行数字化的转型与重生。通过提高运营效率、改善产品、获取客户，逐步实现服务的智能化。这个方向在业内已经形成共识。

无论是从行业接受程度还是从监管的认知程度来看，中小银行在快速利用金融科技创新业务方面，空间将有所增大。金融机构的数字化转型离不开战略层面四个方面的目标。

第一，客户。商业银行创新的最终目的是更好地服务于客户。一方面，从客户角度看，银行数字化转型具有一定的比较优势。例如，客户对银行的信任度高于科技公司，银行拥有数量庞大而又独一无二的零售和对公客户数据集合，天然具有数字化转型的"生产要素"。另一方面，商业银行由于受到相对僵化的模式约束，在更好地服务客户方面还有许多不足之处。比如，目前商业银行业务的离柜率高达80%多，手机银行对网络银行的替代性极高，大量的手机银行客户掌握在国有大行、股份制大行手中。但是这些海量客户的活跃度究竟多高，有没有享受到很好的服务等问题值得存疑。从传统金融机构的角度来讲，不仅要关注如何获取客户的问题，更要关注如何更好地为现有客户提供优质服务的问题。

第二，监管。银行业是各国监管部门关注的核心，其创新活动也受到各类监管规则的严厉约束。一方面，大量银行数字化创新活动首先在监管边缘地带或不受监管约束的地方开展起来。另一方面，许多国家的监管部门在"自上而下"地推动某些银行的技术变革，例如近年来兴起的"开放银行"。各国监管部门的政策目标往往需要在以下三者之间权衡：金融稳定与安全性，提升银行等金融机构的服务能力，提升本土银行的核心竞争力。

第三，机构。从商业银行角度来看，无论是海外还是国内，"躺着赚钱"的日子已经一去不复返了，这是银行数字化转型最根本的动力。由于外部监管和内部因素的变化，银行一方面难以靠传统业务持续获得高增长，另一方面更难参与复杂的金融业务。因此，如何利用大数据等新技术来进行全面的"挖潜改造"，成为新形势下商业银行重获生命力的重要着眼点。具体来看，在业务与产品、组织架构、内部控制、风险管理、基础设施等各个层面，可能都存在"粗放式"发展与可以优化的地方。进行数字化改造，本质上是为了改善银行的"体质"，从而构建更稳定、可持续的新商业模式。

第四，行业。从行业角度来看，这意味着那些真正有动力、希望生存发展的机构，尤其是中小银行，可以借助数字化转型来构建银行间合作发展的共赢机制。例如，在系统建设、跨区域客户共享等方面。与此同时，银行与非银行金融机构、金融科技公司之间的合作空间也在不断扩大，数字化转型意味着为银行创造全新的外部业务与技术关系，以应对金融"脱媒"的挑战。

商业银行的数字化转型离不开对发展目标、战略重点、基本保障等要素的把握，从而实现理性、健康、高效、可持续的转型探索。具体来看，需要考虑以下几个方面。

第一，明确数字化转型的战略定位。正如过去所说，路线是纲，纲举目张。无论是英国《银行家》这样的媒体，还是像美国的骆驼评级这样的监管评级，均在不断提升战略与管理这个要素的权重。在全球不确定性日益增加的大环境下，各家金融机构更要结合各自特点，明晰战略定位。

第二，构建适应数字化转型的组织架构。一些大型金融机构通过在海外探索新的组织主体，并将其嫁接到原有机构上，来适应新的组织机构体系。

第三，保障数字化转型的安全原则与边界。

第四，发掘大数据的内在价值，提升数据的质量。

第五，充分利用新一代技术与系统。可以在非核心的业务地带，加大金融行业对不太成熟的处于创新阶段的技术的探索和应用。

第六，全面推动以客户为中心的场景创新。传统银行的信息化主要是通过技术手段来提升管理和运作效率，因此更加关注企业级的稳定性与可靠性，而非用户体验、快速创新和灵活的扩展能力。与这样的企业端信息化转型不同，银行数字化本质上是面对客户端的科技创新，包含面向业务场景的自我赋能。一则可以通过数字化工具与模式，全面拓展家庭金融服务链、产业金融信用链,把握好智能化家庭消费金融、财富管理等服务配置,以及大企业、小企业的需求特征,真正实现场景金融的服务融合。二则可以着眼于支付结算、资源配置、风险管理等基本金融功能,实现服务空间与时间的拓展,围绕碎片化的客户潜在金融需求,提前予以发掘、培育和满足。三则积极拓展面向政府 G 端的需要,使之更具便捷性、智能性和公共性。四则为了实现面向各类客户的无处不在的"交互",推动客户向用户乃至伙伴进行转移。

第七,打造合作共赢的数字化新生态。数字化经济社会的基本特征就是互联互通,银行数字化转型本质上也是为了构建更加开放的合作共赢生态。具体而言,包括监管与银行之间的合作、银行同业之间的合作、银行与非银行金融机构的合作、银行与技术企业之间的合作等,归根结底是为了实现业务、技术、系统、理念的共享共赢式发展。生态建设不能"一哄而上",更不能"为开放而开放",需要参与者有更加清晰的战略思考和定位,并且能够在生态建设中真正找到彼此互补、合作共赢的着眼点。

第八,完善数字化时代的责任与文化。疫情使金融机构充分认识到责任与文化的重要性,这不仅仅是公益,金融机构应当与产业、企业、居民真正建立一个共赢、共享、共同生存的环境。近期调查显示,ESG[①]里包含的治理、责任等因素越来越受金融机构重视,尤其是亚太地区的银行,它们最希望在风险框架当中加入 ESG 因素。

我国银行在数字化转型过程中面临许多难点,必须理性看待。(1)如何构建支持银行数字化转型的监管协调机制。(2)如何结合自身特点实施差异化的银行数字化转型策略。(3)如何确定银行内部持续推

---

① ESG 是一种关注企业环境、社会和治理绩效(environment, social and governance)的投资理念,是投资者在投资时为了衡量企业的可持续性和环境、社会影响所关注的三个核心因素,这种策略也称为责任投资。

动的动力机制。长期以来，在信息化、数字化转型中，银行内部始终面临不同部门、不同条线、不同机构之间的竞争，有时能够最终提高竞争效率，有时则成为改革与发展的阻碍。银行数字化转型能否最终成功，不能只靠目标和理想，还需要在内部构建有效的激励相容机制，在转型中尽量增加多数内部人的利益。（4）如何避免数字化被滥用和变为运动式推进。（5）如何加强银行数字化转型的理论支撑。

你问我答

● **在推动银行数字化转型过程中，面临的最大风险是什么？**

对不同的机构来说，面临的最大风险可能不一样。比如在某些银行的数字化转型过程中，如果着眼于业务层面，则会面临信用风险、流动性风险；如果着眼于渠道层面，则会面临黑客风险、网络风险、开放环境下的欺诈风险等技术端的风险。但是对银行业来说，在转型中面临的最大风险是监管风险、合规风险和战略风险。战略是金融机构在面临变化时首先需要考虑的，一旦战略方向有偏差，就会导致业务等一系列链条出现问题。

● **进入数字化时代的标志是什么？**

第一是数字经济对整体经济的贡献度。目前面临的一个核心问题是哪些经济模式是数字化经济、新经济。比如，中国和美国在一些新技术方面其实已经走在世界前沿，中国更多是技术应用方，美国更多是技术原创方。归根结底，相关技术对经济的贡献都是比较突出的。第二，从技术本身来说，无论是网络的普及率、移动手机的普及率，还是线上业务的深入程度等指标，都可用来衡量是否在向数字化时代快速迭代。中国数字化最终的动力来自庞大的网民群体和移动手机用户群体。中国移动端用户群体规模最庞大，为数字化转型提供了最基础的支撑。未来一段时间，中国数字化转型会快速迭代，而早期的数字化转型更多是适应需求端的场景应用型。下一阶段就整个体系来说，我国面临的最大挑战是借助来自庞大的需求场景的比较优势，在基础层面推动更多的技术创新，由此使技术真正成为提高我国全要素生产率的重要组成部分，使我国成为技术驱动型的创新经济体。

第二讲

区块链技术解读

第二讲
区块链技术解读

陈钟 中关村金融科技产业发展联盟金融科技人才专委会主任，教育部高等学校计算机类专业教指委副主任，北京大学金融信息化研究中心主任，第一届全国区块链和分布式记账技术标准化技术委员会委员。中国可信区块链联盟理事、Linux 基金会 Hyperledger 大学会员代表。从事软件工程、网络与信息安全领域教学、科研及产业化近 30 年。

区块链核心技术的发展与突破

2019 年 10 月 24 日，也是全国程序员日，中共中央总书记习近平主持了中央政治局第十八次集体学习，并把区块链作为学习主题。原本这一天是全国程序员日，后被公认为"区块链日"。习近平总书记在主持学习的时候强调，区块链技术的集成应用在新的技术革新和产业变革中起着重要作用。我们要把区块链作为核心技术自主创新的重要突破口，明确主攻方向，加大投入力度，着力攻克一批关键核心技术，加快推动区块链技术和产业创新发展。要推动区块链和实体经济深度融合，解决中小企业贷款融资难、银行风控难、部门监管难等问题。要探索"区块链＋"在民生领域的运用，积极推动区块链技术在教育、就业、养老、精准脱贫、医疗健康、商品防伪、食品安全、公益、社会救助等领域的应用，为人民群众提供更加智能、更加便捷、更加优质的公共服务。相关部门及其负责领导同志要注意区块链技术发展现状和趋势，提高运用和管理区块链技术能力，使区块链技术在建设网络强国、发展数字经济、助力经济社会发展方面发挥更大作用。

之前有一些报道称，已经有 22 个省级机构把区块链发展纳入当地政府工作报告当中，电子政务成为主要的布局方向。事实上区块链技术是信息技术的重要组成部分，也是信息技术发展创新的一个标志。信息技术的创新和发展推动人类社会生产方式与生活方式的重大变革。

信息技术开启的信息社会新时代从1968年开始。自1968年起人类进入硅石时代，发表的关于半导体硅的论文数量超过并持续领先于关于钢铁的论文数量，关于半导体的研究进入一个新时代。人类的铁器时代有3 200年，铜器时代有1 800年，石器时代超过35 000年，硅石时代才刚刚开始。美国学者尼古拉斯·尼葛洛庞帝（Nicholas Negroponte）在1997年的《数字化生存》这本书里讲到，从原子到比特的飞跃已是势不可当，无法逆转。[①]

人类社会经过了农业社会向工业社会再向信息社会的重大转变，其间均涉及人类社会中最主要、最基础的组成部分：物质、能量和信息。物质和能量在人类社会发展的早期就被重视并且得到了应用。从农业社会的耕种到工业时代发明的蒸汽机，实现了以机械马力代替人力，这是人的体力的一种升华和延伸。但是人类认识到信息的作用的时间并不长，可以说信息技术是21世纪经济发展的一个驱动器和倍增器。

信息是客观事物状态和运动特征的一种普遍形式，自然界和人类社会的一切活动都会产生信息，信息和材料、能源、基因一起组成人类社会的主要资源，而信息社会中利用信息的阶段才刚开始。信息与材料和能源有所不同，具有自身的一些特征：（1）广泛性。它存在于任何事物中，包括自然界和人类社会的各个方面。（2）不间断性。只要事物在运动，信息就会不断产生与发展。（3）可反复利用和复制，不会耗损。（4）可与载体分离而广泛、远距离地进行传播。（5）可介入各种载体从而实现高效、智能和增值，即充当"倍增器"。比如，北京大学王选院士

---

① 书中首次提出数字化生存的概念，即人类生存于一个虚拟的、数字化的生存活动空间，在这个空间里，人们应用数字技术（信息技术）从事信息传播、交流、学习、工作等活动。

当年发明的汉字激光照排系统,实现了版面信息与印刷机器的分离,使报刊印刷业得到飞跃发展,体现了信息可以与载体分离而广泛、远距离地进行传播。

人类生存的环境由三个世界组成:物理世界(也称自然界),社交世界(也称人类社会),心灵世界(人的思想)。这三个世界受信息处理、信息技术发展的推动产生了方式上的变革。

现代信息处理的主要手段是计算机的硬件和软件,硬件是基础,软件是灵魂。计算机硬件和软件是信息化的核心。早期的计算机主要用来计算、处理数据,比如弹道和核反应的计算。20 世纪 80 年代后期,人们把计算的科学推广到科学的计算化,因此高性能的计算(high performance computing)实现了"计算作为科学研究的第三条腿",为科学研究的很多方面都提供了重要支撑。2000 年以后,计算机主要用来做信息的处理,包含对数据到信息、到知识、到智慧、到顿悟的处理(data-information-knowledge-wisdom-enlightenment)。信息处理成为人类脑力的一种延伸。

比如,近年来人工智能的崛起,准确说是机器学习的异军突起,带动了从"数据"直接到"智慧"的算法飞跃。机器学习是一种特别的算法,模拟了神经网络的生物特征。机器学习的工程师被业内称为"高级调参师",通过调整参数,使得机器学习的算法能够去处理类似于人脸识别的任务。2020 年 5 月,由美国埃隆·马斯克人工智能实验室 OpenAI 发布的 GPT-3 自然语言处理的转化语言模型,参数达 1 750 亿个。机器学习算法的结果很奇妙,人们难以解释其中的原理,尽管如此,机器学习依然属于计算的范畴。所以西方提倡普及计算思维(computational thinking)教育,这带来自然科学、人文科学、社会科学等各个领域的变革。

信息化是推动信息社会经济发展的动力。2016 年中共中央办公厅、国务院办公厅发布《国家信息化发展战略纲要》，旨在指导未来 10 年国家信息化的发展，总的目标就是以信息化驱动现代化，加快建设网络强国。文件提到，人类社会正在经历信息革命，以数字化、网络化、智能化为特征的信息化浪潮蓬勃兴起，信息化在现代化建设全局中的引领作用日趋凸显。数字化、网络化和智能化密切相关。数字化是让世界的信息能够用计算机软硬件来处理；网络化是让世界的信息能够互联互通；智能化是让世界的信息处理更加智慧。把数字化、网络化和智能化做好，便能够增强信息化发展能力、提高信息化应用水平、优化信息化发展环境，让信息化造福社会、造福人民。

目前，"互联网+"已进入下半场，下半场的一个最主要标志就是进入赛博空间（cyberspace）的时代。赛博空间将会涌现出新的技术创新，其中就包括区块链。

2003 年 1 月，中国互联网络信息中心（CNNIC）发布的第 11 次《中国互联网络发展状况统计报告》提到，中国上网的用户总数是 5 910 万，只有 660 万用户可以使用宽带上网，大部分用户（4 080 万）采用拨号上网。能上网的计算机总数是 2 083 万台，有 17 万 .cn 的域名。2020 年 4 月，中国互联网络信息中心发布的第 45 次《中国互联网络发展状况统计报告》显示，截止到 2020 年 3 月我国网民规模达 9.04 亿，上网渗透率达到 64.5%，手机网民规模达到 8.97 亿。这说明整体上网络这几年发展非常迅速。

2003 年排在第一位的常用服务是电子邮箱，占 92.6%；排在第二位的是搜索引擎，大概占 68.3%；后面是聊天软件，占 45.4%；排在第四位的是软件的下载和上传，占 45.3%。受 2003 年电脑拥有量有限因素的限制，使用网上服务的人数较少。如今，即时通信用户规模达 8.96 亿，占网民总数的 99.2%，排在第一；网络视频（含短视频）用户规模达 8.5 亿，占网民总数的 94.1%；网络支付用户规模达 7.68 亿，占网民总数的 85.0%；网络新闻用户规模达 7.31 亿，占网民总数的 80.9%；网络购物用户规模达 7.10 亿，占网民总数的 78.6%；在线政务服务用户规模达 6.94 亿，占网民总数的 76.8%。从 2003 年抗击"非典"到 2020 年抗击"新冠"，互联网经过这 17 年的发展，信息化的应用规模和范围不可同日而语。同时，随着移动网络的不断发展，即时通信和视频相关应用使用量的排名不断提升，更多人可以享受到互联网信息处理的便捷性。

互联网进入下半场还有两个重要的标志：一是世界上还有近一半的人口，即大约 30 亿网民有上网需求；二是有数百亿的设备联网，这会带来工业互联网的发展、消费互联网与产业互联网的贯通。在工业领域，设计、生产、管理和运营会同互联网连接，能够真正把消费互联网和工业互联网打通，实现按需生产与按需供给，这将会改变整个经济社会的结构。所以互联网的下半场改革孕育着巨大的发展潜力，也会带来安全和治理的新挑战。

从计算模式上来看，这个变化非常巨大。早期的计算机通常进行专有计算，但是个人计算机出现以后，对信息处理的便捷化和普及推广起到了非常大的推动作用。如今，每个人甚至有多个计算单元、多台计算机，形成社会的计算。因此互联网从早期只有中心化的信息发布进入 Web 2.0 时代，用户可以产生许多具有更重要意义和价值的数据。当今社交网络蓬勃发展，用户产生的数据在其中扮演了非常重要的角色。

进入赛博时代，赛博空间使得任何人在任何时间、任何地点都可以进行便捷、及时的通信和信息处理。这个时代与用户产生数据和发布数据的时代有非常大的差异。早期没有网络的时候，计算机是独立使用的，信息处理具有分散化特点。1994 年之后，互联网能够把世界每一个角落的计算机都连接起来。虽然网络本身是分散化、分布式的，但是形成了大量中心化的系统，这些系统在信息交流和交互中扮演了重要的角色。在这个过程中，产生了许多互联网巨头，有的市值已经超过万亿美元。所以技术和商业模式的结合产生了一个巨大的产业变革。进入赛博时代，中心化的系统具有分散化的可能性，在赛博空间将会涌现出新的值得重视的技术创新。这些技术创新会进一步推动新一波产业的变革和发展，这就是未来发展的一个时代特征。

在网络化技术演进过程中，信息基础设施也在不断变迁。比如，早期是主机互联，只有学习过网络连接的网管人员才知道计算机 IP 地址、MAC 地址以及如何连接机器和网络。进入信息互联（Internet of information）时代，万维网（World Wide Web）出现以后，重点放在信息本身，而忽略了背后主机服务器部署的技术细节。再往后是人人互联（Internet of people）时代，联机社交媒体、微信的使用非常便捷，让更多用户不必关心背后的网络连接就可以获得非常好的体验。之后进入物联网（Internet of things）时代，也叫"物物相连"或者信息物理系统（cyber physical systems），完成了设备互联。2009 年，比特币的出现推动进入一个新的称为"价值互联"（Internet of value）的阶段，对区块链的创新起到巨大的推动作用。

从 2009 年 1 月比特币系统上线到现在，区块链技术进入重要的发展阶段。2019 年 6 月 18 日，扎克伯格代表脸书（Facebook）发布 Libra 白皮书 1.0，提出旨在建立一套简单的、无国界的货币和构建惠及数十亿人口的金融基础设施，引起全球的高度重视。习近平总书记 10 月 24 日关于区块链的讲话，有利于我们正确把握与区块链相关的创新方向和基础。因此，政务和企业的信息化，从单机到上网、上云以及未来到上链，有了明确的发展方向。

2020 年 2 月，中国人民银行发布了《金融分布式账本技术安全规范》，标准规定了金融分布式账本技术的安全体系，包括基础硬件、基础软件、密码算法、节点通信、账本数据、共识协议、智能合约、身份管理、隐私保护、监管支撑、运维要求和治理机制等方面。这里并没有提到区块链，区块链是一个共享的分布式账本或者分布式的共享的账本，在商业网络中用于促进交易记录和资产跟踪。每个块包含了交易数据、时间戳和前一块的加密 Hash。加密 Hash 把每一块都链接起来使其难以篡改，一旦有篡改很快就能发现。共享的分布式账本改变了以往中心化的账本技术，实现了从中心化需备份、易篡改和不透明的账本的记账方式到点对点、抗毁坏、防篡改和全透明的记账方式的转变。所以分布式账本技术是一个多方参与、协同合作、记录交易历史的过程。

这个过程会存在很多挑战，比如"双花"挑战。如果有一笔账，本来可以付给 A，但是又说付给 B，这样就产生了两次花销，即"双花"挑战。关于"双花"挑战问题，2008 年化名为"中本聪"的个人或团体在其论文中给出了一个数学证明，即账本的一致性是可以得到保障的，到今天为止 10 多年的系统运行实践也从工程方面进行了验证，即共享的分布式账本是可以实现一致性的账本。关于分布式账本技术的应用有三类基本问题：首先，谁来记账？是公开、私有还是联盟？其次，如何确保记账正确，包括防篡改和共识机制？最后，谁可以访问？如何进行权限管理？如何设置隐私保护？

有学者认为，分布式账本技术是会计学意义上 500 年来一次颠覆性的创新。1490 年，意大利人发明了沿用至今的复式记账法，现代经济和企业、银行制度建立起来。计算机出现以后，并没有改变复式记账法，只是改进了把纸质账本变成电子化账本的信息化手段。直到 2009 年，分布式账本的出现使得账本技术有所拓展，不是完全替代复式记账法，而是在实现记账的同时把记账规则记到账本上。一旦这些规则被触发，就可以自动执行规则，也就是区块链的智能合约。

分布式账本在技术的演进中具有创新性。世界经济论坛创始人克劳斯·施瓦布（Klaus Schwab）总结说，区块链是继蒸汽机、电气化、计算机之后的第四次工业革命的核心成果。因为互联网解决了分布式场景下传递信息的问题，而分布式账本可能会解决传递可信信息的问题，也就是建立价值互联网。区块链引发的记账科技的演进，促使商业协作和组织形态发生变革。

2016年年初，英国政府首席科学顾问报告是第一个正面肯定区块链改进政务服务的报告。报告提到，"使用分布式账本技术产生的算法是一种强大的、具有颠覆性的创新，它有机会变革公共与私营服务的实现方式，并通过广泛的应用场景提高生产力"。"在分布式账本技术中，我们正见证一些可能带来创新潜力爆发的例子，它的催化效应可能会带来不同寻常的创新成果。这个技术有可能为多种服务提供一种新型的信任机制，就如信息公开重塑了公民与国家之间的关系一样。这个技术带来的透明度有可能改变金融市场、供应链、消费者与B2B服务以及上市公司注册等。""总的来说，分布式账本技术提供了一个框架，让政府可以用于减少欺诈、腐败、错误和大量纸质文件的耗费。它有潜力重新定义政府与公民在数据分享上的关系。对私营部门来说，类似的潜力也是存在的。"

到目前为止，区块链通过开源、社区、自治的方式发展。在社区方面有比特币、以太坊，还有以Hyperledger为代表的联盟链，即超级账本社区。这些技术都提供了底层支持，除了底层技术支持，还有很多依托于开源社区开展的与应用结合的创新。目前在Linux基金会旗下的Hyperledger的会员已经超过250个，中国的会员占1/5左右，是创新应用的重要力量。2017年年底北京大学应邀加入Hyperledger，成为大学会员，为联盟链技术的发展做出贡献。

第二讲
区块链技术解读

区块链技术赋能实体经济和金融场景

区块链技术能够支持数字经济中的"可编程"和"激励",概括起来有四个特点:一是多方参与。区块链是共同参与,不需要中心机构,可以降低中间成本,因此也被称为"去中心化"。二是分布抗毁。结构分散,部分节点损坏不影响可用性。三是全网溯源。记账透明,内容基于共识,是构建信任的基础。四是智能合约。通过脚本代码自动触发执行来支持机器的自动交易。一个有争议的特点是通证激励(tokenization)。这些特点使区块链技术可以支持数字经济中的"可编程"和"激励",实现价值存储与传递、多方协同提升政务服务质量并降低成本,通过智能合约实现社会治理规则的自动化。在支持数据资产化和确权方面,区块链技术与以往信息化相比具有独特的优势。

关于区块链技术在颠覆性的创新金融服务方面的应用,世界经济论坛的报告——《金融基础设施的未来:区块链如何才能重塑金融服务》做了充分的论述,包括如何和其他的技术结合在一起重构金融服务的生态,重构流程以实现金融服务的不变性、自治性和透明性,利用分布式账本技术不可篡改性和分布式存储增加市场参与者的透明度与自治执行的能力。

区块链赋能监管科技是金融科技中非常重要的一个主题。近年来,监管对象和监管者在支持信息需求、实现合规验证方面面临的挑战与日俱增,如何监管、保障金融秩序是当前亟待解决的问题。在监管对象承诺透明性的同时,更大的成本和风险伴随当前的系统和业务流程出现。随着生态系统和金融工具的复杂性不断增加,取得透明性和成本之间的平衡变成一个大问题。区块链能够成为监管者和监管对象共享数据记录、打破组织壁垒的一种有效工具。区块链有潜力轻松实现将交易数据的子集以实时的方式与监管者分享。所以比较理想的状况是在区块链上实现"包含监管"的业务模式，而不是把监管排斥在外，或者是两者对立。监管者可以利用智能合约实时地验证交易，实现规则的合约化。区块链将改变监管者与监管对象的关系，减少监管摩擦并改进监管效果。交易数据必须以一定的粒度和精度提供给监管者以便履行监督和管理合规性的义务。

利用区块链技术升级全国互联网金融登记披露服务平台

中国人民银行办公厅于 2018 年 12 月 14 日印发中国人民银行、发展改革委、科技部、工业和信息化部、人力资源社会保障部、卫生健康委六部委《关于开展金融科技应用试点工作的通知》（银发〔2018〕325 号）。通知提到建设移动金融风险监控平台，提升金融风险技防能力。博雅正链结合全国互联网金融登记披露服务平台（以下简称"登记披露平台"）的功能定位、运营情况及实际需求，引入区块链技术，对该平台进行优化升级。

全国互联网金融登记披露服务平台于 2017 年 6 月 5 日正式上线。该平台能够实现机构信息、运营信息、项目信息和银行资金存管信息披露以及网贷合同登记功能。登记披露平台接入的全国网贷合同信息已经达到百亿级，中国互联网金融协会（以下简称"协会"）每天对上亿份合同进行数据清洗、稽核并入库。

早期的登记披露平台虽然也记录了有关合同以及相关的一些借贷的信息，但引入区块链技术之后，可以在协会、资金存管银行、从业机构之间构建联盟链。其中，从业机构负责原始合同要素数据上链，并按照协会统一规定的数据稽核规则对合同要素数据的合规性进行判定，降低合规成本，提升品牌价值；资金存管银行负责提供合同对应的资金流水数据，通过多方安全计算技术完成资金流水对账和上链存证；协会负责统筹监管和平台管理，支撑协会更好地执行穿透式监管，提升登记披露平台的公信力。合同要素数据和相应的对账结果具备防篡改、抗抵赖、可溯源等特性，在协会、资金存管银行和从业机构之间共享。个人用户通过平台进行社会监督，通过掌握合同的实际执行情况维护切身权益，并帮助协会做好社会监督。

登记披露平台分为数据采集层、数据技术存储层、服务层和应用层，整体框架如图2-1所示，从技术视角展示了引入区块链技术后，新版全国互联网金融登记披露服务平台的业务流程。

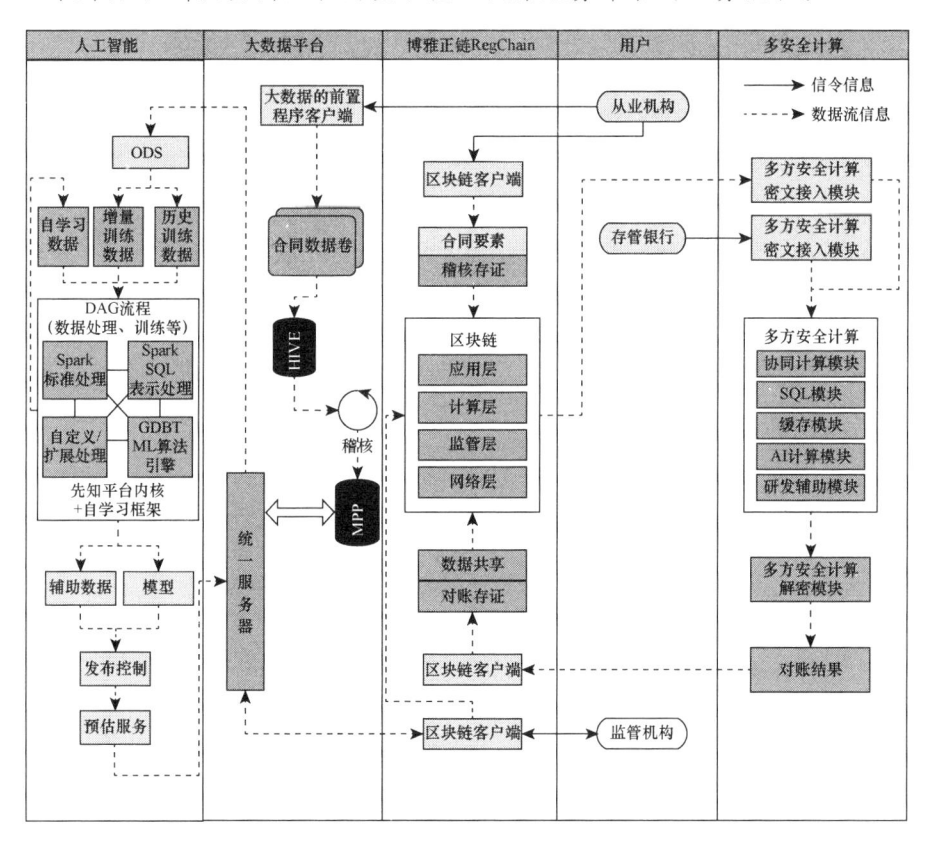

图2-1 业务主体流程图

- 从业机构在遵循协会制定的标准以及满足银行对账的实际业务需求基础上，生成合同要素数据。
- 从业机构通过合同要素校验模块进行校验。
- 从业机构将合同要素关键信息和指纹信息存储到区块链中。
- 资金存管银行负责提供合同对应的资金流水数据，通过多方安全计算技术完成资金流水对账和上链存证，多方安全计算技术为对账过程提供数据隐私保护。
- 协会通过业务模块对从业机构合同要素数据和对应的银行对账信息进行关联，按照机构—项目—合同—文件—账本信息流程重新组织和管理数据，并对数据进行整合、统计、存储。
- 协会通过机器学习技术利用借款人信息、项目、合同等相关数据建立标的风险侦测模型，预测标的风险概率，对各平台上的项目的风险实施监控和预警。
- 协会提供统一的接口，对外提供信息查询服务，供协会、从业机构、资金存管银行以及个人用户使用。

该系统对相关的监管行业起到较好的示范效果，利用区块链技术在监管部门、业务管理部门、从业机构之间构建联盟链，将相关的监管规则智能合约化，有助于构建实时自动化监管新模式，加强金融监管统筹和信息共享，增强行业组织自律管理的公信力，能够更好地实施穿透式监管的方针，促进行业自律。

区块链技术与疫情防控

为了响应党中央的号召，联合社会各界力量共同抗击疫情，由中国互联网金融协会发起,北大信息科学技术学院区块链研究中心、博雅正链(北京)科技有限公司等联合开发,第一时间推出了国产自主可控的区块链核心技术,上线了中立、可信、开放的战"疫"医疗物资捐赠信息存证公益平台——"博雅医链"。广大捐赠者、受赠者、生产者、运输公司、仓储公司及各类志愿者扫描二维码就能够进入系统。这个系统推出后不久,捐赠主体达267个,捐赠金额达5 746.39万元,捐赠的医疗物资达45.5万余套。公益+区块链,是通过博雅联盟区块链把捐赠者、医疗物资的需求方,以及慈善总会、医疗物资生产方、仓储运输方等相关干系人组织成一个联盟,利用分布式账本技术,实时支撑整个捐赠物资和捐赠资金的流程,通过上链存证实现证据留存。通过区块链技术解决了公益捐赠长期以来"工作不透明、监管不到位、报告不及时"的难题,在战"役"医疗物资的捐赠和调拨方面发挥了积极作用。

在使这个系统进入常态化工作方面,中国互联网金融协会指导其朝金融方向继续延伸,包括追踪捐赠资金使用情况和追溯捐赠物资使用过程。过去第三方机构很久之后才能出具一份报告,现在通过共享的分布式账本可以及时反映资金的使用状态,避免了很多可能出现的问题。

在党的十九届四中全会上,习近平总书记提出要推进国家治理体系和治理能力现代化,并且把坚持和完善中国特色社会主义制度、推进国家治理体系和治理能力现代化作为全党的一项重大的战略任务。将人工智能、云计算、大数据和区块链结合起来,能够进一步发挥区块链基础设施的作用,变革激励调控机制和媒介,推动我国实现第五个现代化——社会治理的现代化。我们刚刚迈出第一步,相信区块链技术会有一个美好的发展前景。预计下一个十年是上网、上云到上链的十年,希望中国的区块链技术研究、服务和应用能够走在世界的前列。

你问我答

● **分布式账本如何在效率优先和成本考量之间寻找平衡？在实际应用中，小企业或者是小微企业如何扛住分布式账本带来的成本压力？**

一方面，分布式账本技术和产品的提供者会与政府机构、权威的第三方行业协会一起开展工作，不会让小微企业承担高昂的成本。未来，联盟链将使国家或者行业协会扮演重要角色，整体的信息化成本、全社会的成本会显著降低。

另一方面，区块链是以信息化驱动现代化的核心技术，会和云计算、大数据、物联网有机结合，产生信息化驱动现代化的综合效应，也就是习近平总书记提到的区块链技术集成创新。很多行业都在推进区块链的落地场景。我国实施了区块链登记备案制度。2019年中央网信办公布了区块链业务以及企业登记备案的办法，到目前为止已经公布了共四期合计1015个备案。这些方面的部署为区块链未来的商业应用提供了制度性的框架和保障。2020年7月，由中国人民银行组织制定的关于区块链的行业标准——《金融分布式账本技术安全规范》和《区块链技术金融应用评估规则》发布，这对于建立健全区块链技术管理方面的规范和标准很重要，区块链的商业应用前景非常好。

第三讲

区块链技术应用

第三讲
区块链技术应用

吴锋海 联动数科（北京）科技有限公司总裁。教授级高级工程师，北大光华高级工商管理硕士，中科院研究生院软件工程硕士。曾获得北京市科学技术二等奖、三等奖，累计申请专利57项，参与中国互联网金融协会、中国支付清算协会的区块链、数字货币、监管科技等多项重点课题。国内移动支付架构体系的开创者，致力于数字科技领域国际前沿技术的研究和应用。

区块链技术的本质

大多数人认为，区块链起源于2008年年底中本聪发表的论文《比特币：一种点对点的电子现金系统》。实际上，区块链技术有着更久远的需求来源——"可信记账"。

人的大脑是一个比较复杂的系统，体积很小，却具备很多复杂功能。现在比较高级的人工智能，比如深度学习、人机网络算法，本质上是在模拟人脑的处理机制。但是人脑也存在很多缺陷，比如容易遗忘，如艾宾浩斯遗忘曲线所示，新的内容会覆盖大脑中旧的内容，就像智能手机会定期清理内存一样。人脑也容易被欺骗，把本来不存在的事情当成自己的记忆，就像计算机被病毒程序入侵了一样。

但人类的经济活动是客观事实，不能建立在"易遗忘的"大脑基础之上，俗话说"口说无凭、立字为据"，立字据的目的是建立信任关系。基于字据把与经济活动相关的账目记录下来，达到记账、存账、认账的效果。这种方法主要通过数学实现精确的计算和记账，能够跨时间实现可靠存账，还能够跨越多个主体来认账，比如借钱给他人，如果有字据的话，双方都要认账。所以，记账技术不断推动着经济活动的发展。

我们应怎样记账？怎么才能记得更准确、更容易保存、更让人信服？追溯到久远的古代，比如在文字产生之前，古人类就学会了以"结绳"来记事。古书上面记载说"事大，大结其绳，事小，小结其绳。结之多少，随物众寡"，意思是事大就系大结，事小就系小结，绳结的多少代表所记事物的多少。后来，由于记账涉及大量数学计算，古人发明了算筹来辅助计算，现代数学中的"运筹学"、成语"运筹帷幄"皆来源于此。

考古发现，古巴比伦时代就出现过金融世家——艾智比（Egibi）家族，这个家族五代人经营贷款达百余年之久。他们通过数以千计的泥简（clay tablet）来记录艾智比家族所经营的借贷活动，如图 3-1 所示，一个叫库辛（Kushim）的人签发了一块泥简并表示"在 37 个月中，共收到 29 086 单位大麦"。这里的泥简本质上是一种集中化的记账核算系统。

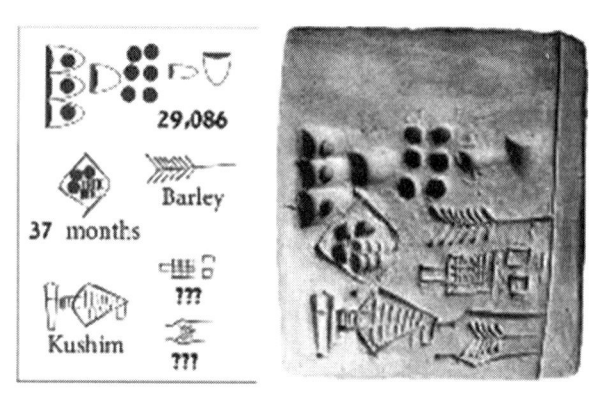

图 3-1 泥简

资本主义刚萌芽时，意大利人卢卡·帕乔利（Luca Pacioli）发明了复式记账法，其关键是将企业所有者（股东）和经营者分离，并通过借贷相符实现交叉验证。这个验证的作用是什么呢？验证提高了账本的可信度。如果借和贷不等，可以通过两边相互验证，找出中间错误。复式记账法大大提高了账本的可信度，对现代企业制度和资本主义的发展起到了很大的推动作用。在现代社会，包括银行在内所有公司的财务都采用复式记账法来做账，会计记账已演变成一门专业学科"会计学"，卢卡·帕乔利则被称为"现代会计学之父"。

随着金融行业的发展，新的记账需求产生了。金融的核心是跨时间、跨空间的资源配置。在"地球村"时代，各种经济活动的发生需要更大范围的跨时间、跨空间的资源配置。金融活动走向电子化时代，金融业"脱媒"，金融交易去掉了中介，直接在供需双方之间进行，这时该怎么真实、准确地记账？经济活动越来越复杂，涉及大量不同的主体，如何大范围、跨时间、跨空间来记账？比如某笔账要记100年，传统的纸质小本可能已经腐烂了，怎么保证账本可靠和可信？

在一个组织内，可以通过复式记账法来协调、对账、协同。不同的组织之间如何对账？通常需要相关方都信任的一个权威的第三方中介，如会计师事务所，来帮助进行财务核对处理。但是，当经济活动有许多主体共同参与、一个中介不能覆盖所有主体时，就需要多方参与并共享账本，这时就产生了对区块链技术记账的需求。区块链技术的演进过程如图3-2所示。

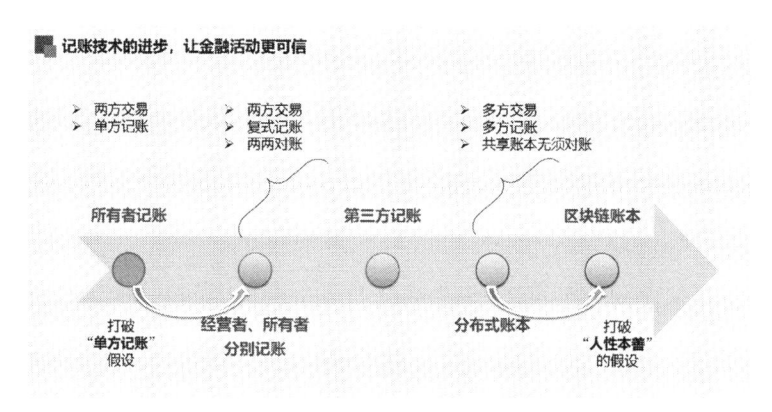

图3-2 区块链技术演进

资料来源：联动数科.

总之，记账技术的进步让金融活动越来越可信。最初通过所有者来记账，之后采用复式记账法，经营者和所有者分别记账，然后是两两对账，再后来利用第三方记账实现账务的可靠性。多方交易时，需要多方记账，多方共享账本也就是现在所说的分布式账本，不再需要对账。区块链记账则进一步打破了"人性本善"的假设，基于某种"拜占庭容错"的共识机制，即使有少量"坏人"想记假账，也能被快速识别和丢弃，从而确保账本整体的正确性。

区块链最核心的特性就是"高度防篡改"。正因为这个特性，区块链构建了信任机制。

2015年10月美国《经济学人》杂志刊登了一篇封面文章《信任机器——比特币背后的技术怎么改变世界》，如图3-3所示。区块链技术是如何充当信任机器的？信任是什么？信任从哪里来？信任的基础是什么？信任是相信对方，相信对方是诚实的、言行一致的、说一不二的、可信赖的，认为对方是正直的、公正无私的、刚正坦率的。什么叫可信任？自己拿着账本，不一定是可信任。但是如果你拿一个账本，我拿一个账本，他也拿一个账本，那我们可以对账本进行多方校验，而且验证的过程是可追溯的，这样相关信息就是可信任的。凭借历史记录可追溯和不可篡改的特性，区块链能够实现信任。

利用基于非对称密钥体系（PKI）的电子证书实现数字签名，可以做到数据的一般性防篡改。2005年，我国实施《电子签名法》，认可了这种模式的法律效应，因此我们可以在互联网业务中看到很多电子合同或者电子协议都是通过数字签名来防篡改，以确保电子文档的真实性。而区块链技术则从算法结构、时间、空间三个不同维度进一步提高了防篡改能力，实现高度防篡改，如图3-4所示。

第三讲
区块链技术应用

图 3-3 《经济学人》杂志

■ 区块链从三个维度进一步加强了数据的防篡改能力

算法结构
· 基于PKI的数字签名
· 哈希指针-块链结构……
· 哈希指针-默克尔树……

基于共识，多方维护
· 基于算力 PoW
· 基于权益 PoS
· 基于投票 BFT
· ……

高度防篡改

时间序列
世上唯一不能伪造的是"时间"

空间分布
多方参与

防范少量节点"作恶"

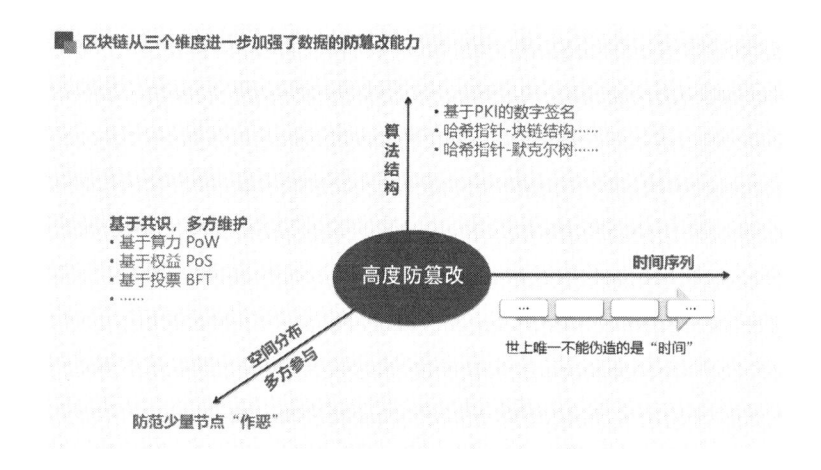

图 3-4 区块链加强数据防篡改能力

资料来源：联动数科.

45

首先是算法结构。在 PKI 体系数字签名技术的基础上，结合哈希指针、块链结构、默克尔树等相关数据结构，防篡改能力进一步提高。其次是时间序列。将块链结构按照时间序列进行组织，时间越长，区块链越多，系统的防篡改能力也就越强。最后是空间分布、多方参与。通过设计有效的共识机制（consensus），进一步防范少量"作恶"节点对账本进行篡改。典型的共识机制，如比特币系统基于算力的 PoW（Proof-of-Work）挖矿；基于权益的 PoS（Proof-of-Stake）共识、基于投票的 BFT（拜占庭容错）共识协议，都是通过技术和经济等多种手段来防范少量节点"作恶"，提高系统防篡改能力。

区块链的设计借鉴了现实物理世界中的很多做法。账簿归档时，在审计确认后，加盖骑缝章，让每个账本页形成一个"盖章确认"的序列，防止他人偷偷修改或替换其中某一页的内容。传统纸质票据承兑时要求"背书连续"，也是这个道理。

在数字世界中，实现防篡改最基本的是依赖一种单向散列的数学函数——哈希（Hash）函数。从本质上讲，哈希函数就好比一个"数据指纹"生成器。每一个数据都有其独特的"指纹"。任何修改都会导致计算出来的"数据指纹"完全不一样。比如用 MD5 这个算法生成"hello"的指纹，大写 H 和小写 h 生成的指纹差别非常大。因此只需要对指纹做好备份和鉴权，就能够快速识别原始数据是否被篡改。

在哈希算法的基础上，区块链还引入了多种数据结构来提高防篡改能力。比如，哈希指针通过哈希值将多个数据结构关联起来。一旦某个数据被篡改，就无法形成关联关系，这样就可以快速识别数据是不是原始数据。比如，块链结构通过哈希指针把多个区块关联起来。比如默克尔树（又称哈希树），一旦叶子节点上的数据被篡改，就会层层传递，改变最上层"根哈希"的值，最终导致块链直接的关联关系破裂。

整体结构设计保证了所有的交易都难以篡改，一旦篡改，就很容易发现。

目前，区块链的落地应用多种多样，区别只在于记录在链上的防篡改的内容有所不同，如图 3-5 所示。第一类是数据指纹上链，主要用于存证、公证、版权确权、病例确权；第二类是历史状态上链，常用于供应链管理、奢侈品溯源、药品溯源等；第三类是权益账本上链，用于数字货币、数字化支付、票据、优惠券等；还有一类是程序代码上链，应用在智能合约上，能够多方面校验和验证，实现自动化处理、自动化多方执行。

■ 区块链应用多种多样，区别只在于防篡改的内容不同

- 数据指纹 上链（存证类应用）· 场景：存证、公证、版权确权、病例确权等
- 历史状态 上链（溯源类应用）· 场景：供应链管理、奢侈品溯源、艺术品溯源、食品溯源、药品溯源等
- 权益账本 上链（资产类应用）· 场景：积分、优惠券、票据、数字货币、代币（Token）、数字化支付等
- 程序代码 上链（智能合约应用）· 场景：智能合约自动化多方执行（校验验证、自动化仲裁等）

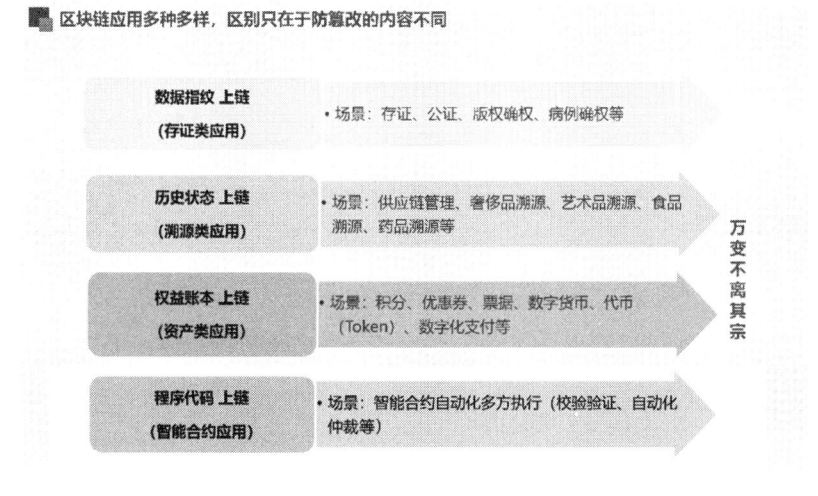

万变不离其宗

图 3-5　区块链应用

资料来源：联动数科.

总的来说，只要涉及"增信"的场景，区块链都大有可为。基于可信的历史数据和历史交易，可逐步建设可信数字身份、可信数字凭证、可信数字交易等基础设施，逐步形成数字信任体系，最终建成一个新型数字信用社会。

区块链+应用

慈善领域

慈善最令人诟病的就是善款去向不明、信息不公开。2008年汶川大地震,全国人民积极捐款捐物,捐赠资金达652亿元。2016年,有人对相关公开信息进行统计分析,发现其中有501亿元(约占77%)捐款资金去向不明。2011年,"郭美美炫富事件"引发广大网民很多负面的猜测,这让红十字会的声誉一落千丈。2020年,新冠肺炎疫情期间,湖北红十字会又出现"口罩门"事件,湖北红十字会大权独揽却又工作懈怠,物资分配混乱且极不合理的做法一次次引发公众对慈善机构的信任危机,关键问题就是信息不透明、捐赠款管理费不透明、善款去向不明、物资分配混乱。公众都希望将慈善活动置于阳光之下,重拾对慈善机构的信任。

一般来讲,慈善机构的工作主要有三部分。一是接受捐赠。涉及银行专户管理、捐赠协议、捐赠票据、公允价值证明,这中间最需要的是信息披露备案。二是捐赠管理。涉及财务管理、内控、内审、外审和监督。这时需要进行物品和资金的追溯,资金用到哪里?物品现在在哪里?三是信息公开。物品和资金究竟给谁了?怎么募捐来的?在这个过程中,每个环节都可以记录在区块链中,让每一笔捐赠都不损耗,划拨到它应该到达的地方。现在区块链企业都在尝试做募集物资可信的追溯和善款自动拨付,韩红爱心慈善基金会发起人韩红说:"一包泡面的去向都可以公示。"我们确实可以通过区块链去追溯善款,通过智能合约去自动拨付。区块链在慈善领域的应用如图3-6所示。

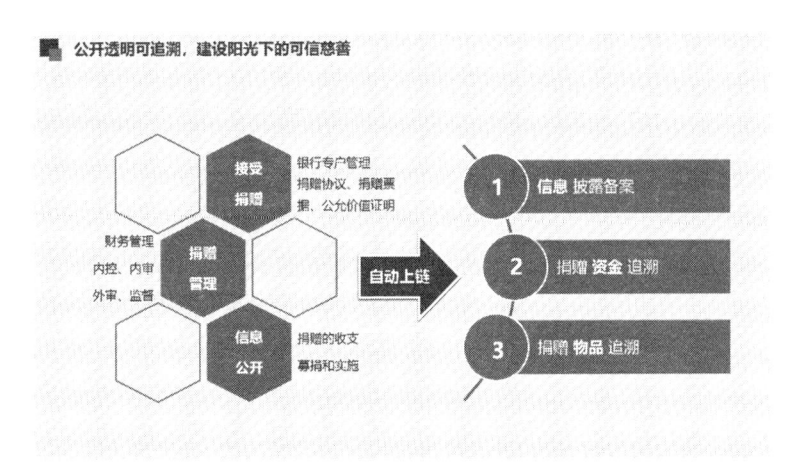

图 3-6 区块链在慈善领域的应用

资料来源：联动数科.

区块链重构慈善信任

早在 2018 年，腾讯公益、淘宝公益、蚂蚁金服公益、京东公益等 11 家平台就开始尝试使用区块链等技术进行慈善管理创新。

2018 年 8 月，爱佑慈善基金会上线了区块链救助公示平台，在官网"信息公开"栏可以找到"区块链"，点击"区块链"可以看到实时的捐款情况，网页右侧的列表显示捐赠日期以及捐赠金额，点击列表里的任何一次捐助，都可以看到这些捐助的区块打包信息，如图 3-7 所示。

2019 年 12 月，蚂蚁金服公益完成首笔区块链自动拨付善款。据了解，此笔区块链自动拨付受益人是一名来自四川省阿坝州的高一学生，母亲靠务农照顾他和两位老人。基于蚂蚁区块链技术，从公益机构发起付款、财务审核到学生领用完成，这笔总金额为 1500 元的助学金拨付成功仅用了不到 1 天的时间。按照传统的审核流程，这笔善款到达学生手中至少需要一个月的时间。

区块链信息

区块高度	15908
区块哈希	0x3d3d58203861b47db94132f2604e62d1ac1e7bc4d6343b4b033e3f114918e79d

Transaction 信息

Transaction ID	0x8dcabd9a8aedc8343595132589a713733a949a65194454c619cdb7f01675148b
上链时间	2020-06-11 08:38:16
原始数据	ROd9mZP5Gv9wZKeIUUl8EDFiG+pwMik8y9/bMxTC16eX29uEAAAAAAAAAAAAAAAAAAAAA AAAAAAAAAAAAAAAAAAAAAAAAAAAAAAAAAAAAAAAAAAAAAAAAAAAAAAAAAy3siY WRkcmVzcyI6IuW5v+ilv+WjruaXj+iHquayu+WMuiIsImFtb3VudCI6MTgzODIuOCwiYXNzaXN0 W1vdW50VHlwZSI6MSwiY2hhcml0eVByb2plY3QiOiLniLHkvZHlpKnkvb8iLCJjaGlsZElkIjoiNTNkZ WIyMGQtNGVmNi00NWE4LWI0NTgtMzE1Njg1OWVkMDl4IiwiY2hpbGROYW1lIjoi5ZSQKioiLCJ kYXRlIjoiMjAyMC0wNS0yOCAwMDowMDowMCJ9AAAAAAAAAAAAAAAAAAAAAAAAAAA

救助信息

项目名称	爱佑天使
救助金额	18382.80元
患儿姓名	唐**
日期	2020-05
所属地区	广西壮族自治区

图 3-7　爱佑慈善基金会的区块链信息

商品价值提高

每一件商品的价值既包括原生价值，也包括品牌价值。同一类商品，其原生价值相对稳定，但品牌价值相差很大。比如同一个代工厂、同一条生产线上生产的鞋子，如果是给耐克代工并贴耐克商标，可能卖得很贵，用其他商标则便宜许多，其中的差值就是品牌价值。

提升品牌价值传统的做法是提高外观设计能力、提高实用性、投放广告等，全新的做法是，引入区块链技术来大幅提升商品的品牌价值，获得超额红利。中小企业每生产一件商品，都能够以低成本的方式简单快速地将商品信息上链，通过追踪溯源、防伪打假，品牌价值会逐渐增加，这是中小商户上链。从消费者接触区块链来讲，消费者能够验证、追溯、体验商品的品质。对开发者来说，可以针对特定场景进行二次开发、定制和优化，把相关场景记录在区块链中。

区块链提高了商品价值

早在2017年就有数家机构结合区块链、物联网和防伪技术提升农产品品质。比如跑步鸡、步步鸡等，基于区块链不可篡改和物联网设备自动采集等特点，保证每只鸡从鸡苗到成鸡、从鸡场到餐桌整个过程中所有数据都被真实记录，实现防伪溯源。消费者可以实时查看鸡的地理位置和计步信息，如每只鸡的生长周期为180天左右，其养殖周期是市面上肉鸡的4倍左右；每只鸡每天的步数在5 000步以上，说明每只鸡都是放养的，这样放养的鸡营养价值更高、更健康，每只预计卖到38元/斤以上的价格，远高于以往的22～25元/斤。以前村民自己卖跑山鸡，通常需要不断解释，现在通过区块链计步数的方式，客户可以一目了然地看到跑山鸡的步数和生长环境，鸡的售价自然可以大大提高。

数字作品确权

数字博物馆里有很多数字作品，数字作品的特点是可复制、不独占，可以篡改，很难维权。借助区块链的策略和方法，通过数据指纹上链，用数据签名做确权，达成多方共识，从而实现内容不可篡改、证据实时固化的目的。依靠区块链技术，可以有效保护数据版权，有助于数字作品的流通，实施数字作品全生命周期的管理。

区域链管理数字作品全生命周期

2020年3月，联动数科自主研发的联盟区块链底层技术"优链"（U-Chains），为高校博物馆提供基于区块链的全方位技术服务解决方案，帮助文博行业进行数字作品版权链建设。

在确权环节，"优链"利用区块链的分布式账本及去中心化的特征，保证版权上链存证，使全网就知识产权快速达成共识，从而实现及时确权且不易篡改。在版权交易使用环节，"优链"一方面能做到信息可追溯；另一方面通过公众平台存储交易使用记录，版权方能够对版权内容进行加密，同时通过智能合约执行版权的交易流程，整个过程在条件触发时自动完成，无须中间商的介入，可以解决版权内容访问、分发和获利环节的问题，在提高版权交易环节透明性的同时帮助创造者获得最大收入。在维权环节，借助区块链的不对称加密等技术，版权归属和交易环节清晰可追溯，版权方能够第一时间确权或找到侵权主体，为维权阶段举证。

另外，通过"优链"流媒体监测、特征指纹、多链异构能力等，还可以为文博数字作品提供侵权监测、预警维权等一体化服务。

数字化政务

目前，政府机构在"标准不统一、平台不连通、数据不共享"的情况下，很难保护好居民隐私。数据既是隐私，又有价值，是资产。如何打破数据资源壁垒，深化数据资源的应用是目前整个政务服务领域都想做到的。要实现"全程网办、全网通办"，提高为工商企业和老百姓办事的效率，区块链可以提供比较好的途径。

使用区块链技术可以促进数据的共享，优化业务流程。基于区块链的目录链，帮助政府部门形成"树状"的三级目录体系。"树根"是职责目录，如同"上户口"一样给数据确权，包括数据采集权和数据管理权；"树干"是数据目录，记录数据项的具体描述，方便进行数据共享；"树叶"是库表目录，与具体的数据内容相关联。另外，在树干和树叶之间，还有一层"树枝"，对应现有众多的政务信息管理系统（MIS），通过固定的政务流程不断产生新的政务数据。

这些目录数据都将写入区块链进行固化，从而解决目录建设中目录不全/不准、目录数据不一致、目录变更随意、共享授权随意、目录更新不及时等老问题。首先基于目录链，实现内设机构、职责目录、数据目录、信息系统的全面管理；其次支持数据路由、查询申请、审批授权、数据获取等数据共享需求；再次完成上户口、交钥匙、入云率、共享率等数字化排名统计功能，提升政务服务质量；最后实现图谱搜索、处室画像、目录变更审核、共享不一致仲裁等多项扩展服务。

监管科技

在我国金融体系中，除商业银行外，还有众多的非银金融机构（证券、保险、基金、支付、小贷、征信、财务、融资租赁、担保公司等）。对银行的监管是比较成熟和明确的，但对各种非银金融机构的监管还不太成熟，存在很多难点，比如信息获取难、风险识别难、举证难、稽查难等。因此，对地方非银金融机构的监管很大程度上依赖现场检查，而每次检查的内容不确定，这给合规的非银金融机构的正常运营带来了很多困扰。银保监会2019年第7号令在"未经立项审批程序，不得开展现场检查"原则中新增和规范了部分检查手段和方式方法，强化了信息技术手段的运用，并根据工作需要探索线上检查、函询稽核等新检查方法。

基于区块链技术的非现场监管

2020年年初，全国首个地方金融风险防控链、地方金融非现场监管区块链系统发布。该防控链和系统由广东省地方金融风险监测防控中心、广州金融风险监测防控中心主导，联动优势积极参与支持搭建。这套利用区块链技术对地方金融行业进行非现场监管的新系统，通过区块链实现区块链存证，监管非现场但是可视化，系统通过自动化和常态化的数据收集，实时、动态地把相关业务数据展现出来。通过一站式管理，能很好地解决数据真实、数据篡改、舆情监控、政务数据打通等问题，做到地方非银机构电子化的非现场监管。该系统解决了传统监管手段存在的金融机构与监管者信息不对称、不可靠等问题，辅助监管部门增加监管力度，引导金融机构合法合规经营，更好地保护金融投资者、消费者的合法利益，从源头上减少矛盾纠纷事件的发生，维护地方金融稳定。

供应链金融

中小微企业的数据化程度很低，也没有完整的IT系统，很难满足金融机构的准入和风控要求。所以中小微企业拿到的资金成本较高，金融机构也不会因为政府要求就放松中小微企业普惠贷款的核准，毕竟中小微企业确实存在经营数据不清晰、保值资产少、风险较难识别、操作成本高等问题。通过区块链技术，可以增强产业链共同体之间的数据协同，解决中小微企业之间的数据共享和征信问题。区块链在供应链金融中的应用如图3-8所示。

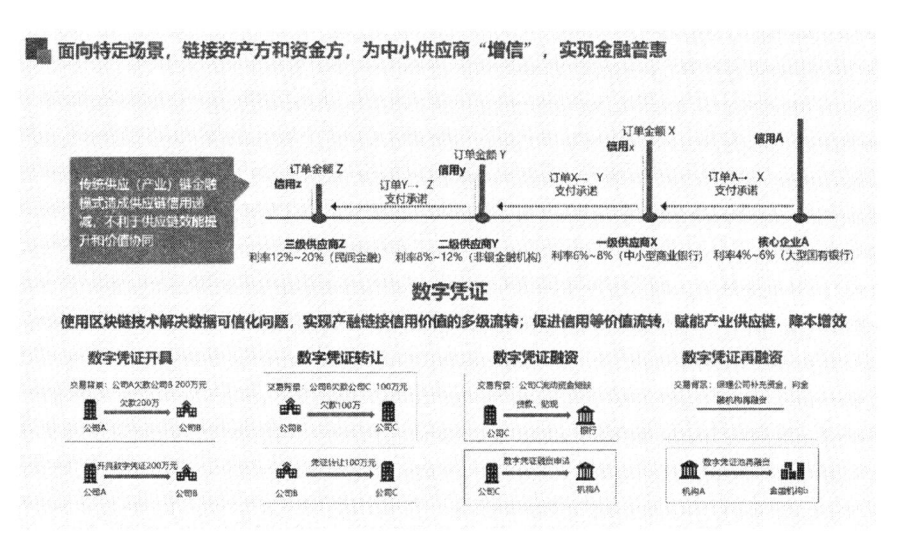

图 3-8 区块链在供应链金融中的应用

资料来源：联动数科.

基于区块链的供应链金融

基于自主研发的联盟区块链底层框架"优链"，联动数科打造了标准化、可拓展的供应链金融平台，供应商（融资需求方）、核心企业、资金方、第三方机构等各参与方可以低成本地接入，将应收账款、数字仓单等资产数字化，形成商证 e 单，通过商证 e 单的流转把链主信用延伸到整个产业链，完成信用流转，解决企业间互信、融资贵和融资难的问题，升级传统供应链金融系统。

商证 e 单即数字化信用凭证，使用区块链技术等将产业链全链路信息数据（包括订单、结算单、收货单、发票等）数字化、可信化，并对客户信息加密存储，保证客户及订单数据不被非法盗取。与此同时，利用区块链等技术工具实现产业链客户交易及关系信息资料的数字化治理，通过大数据建模与业务的生命周期节点关系等构建数字化风险驱动模型，提升动态风险识别、管理能力，促进产业链交易数据整合，利用数据资产信用化提供简单易见的数字化信用流转产品，从而覆盖产业链全贸易周期，最终实现按需金融精准供给，缓解企业融资难题。

区块链的未来展望

从技术本身来讲，区块链的底层技术已经基本成熟，如图 3-9 所示。首先，不同的技术组合有不同的成熟度。比特币运行了 10 年，经历了一个周期，现在相对更成熟。以太坊也经历了低谷，慢慢往上爬升。从 2016 年开始火爆到 2019 年，区块链技术经过非理性繁荣后，开始慢慢走向成熟。其次，区块链在不同的应用场景技术成熟度和商业成熟度不同。公有链因为有比特币、以太坊长期的运转支撑，相对来讲技术更成熟。联盟链在商业应用上较为广泛，解决了很多实际商业问题，联盟链的商业应用更成熟。总体来说，公有链和联盟链已基本可用。

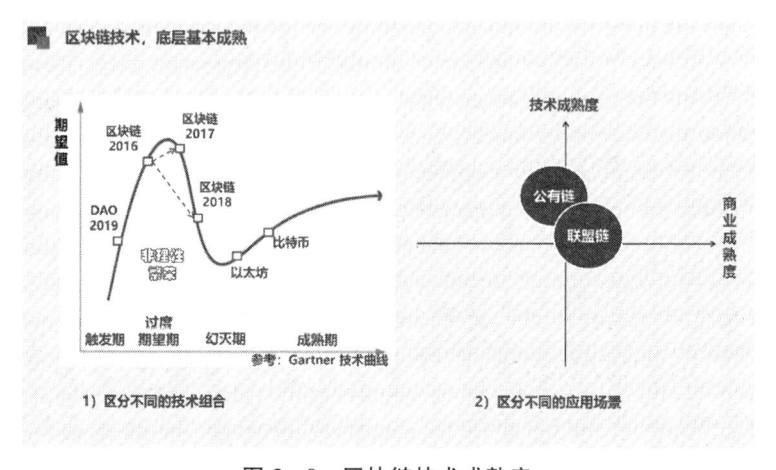

图 3-9 区块链技术成熟度

资料来源：联动数科.

第三讲
区块链技术应用

在《区块链：新经济蓝图及导读》一书中，区块链被分为三代。1.0时代区块链是基于以比特币为代表的密码学货币。2.0时代区块链是基于智能合约可信任的机器，主要是以以太坊为代表的智能合约平台，它最重要的能力是通过图灵完备的智能合约去中心化。到3.0时代，也就是正要进入的阶段，一个最显著的特征是大规模的商业落地，比如，央行正在紧锣密鼓地做数字货币DC\EP的实验，对大规模物联网的应用进行测试。

如何实现大规模商用呢？第一，要开放。开放的广域网支持大规模参与。第二，要公平。人人平等，能够支持大范围人群和节点的参与。第三，要安全。不安全的系统是不长久的。第四，要可靠。要在一个长时间生命周期内，保持系统高可用性。第五，是效率。这个效率并不是IT意义上的性能等效率指标，而是指社会效率，即能够方便地与多方有效协作，提高社会协同效率。正如中科院自动化研究所的王飞跃教授所说，"区块链提高的不是技术效率，而是社会效率"。

区块链系统和常规软件系统最大的不同在于区块链周期超长。常规软件运行三五年就需要更新换代、升级。区块链软件则可以7×24小时运行十年，甚至上百年。这其中就有很多细节需要设计者加以考虑。

首先，如何规划以应对不断增加的账本容量。以比特币系统为例，它已经无故障运行10多年了，按照其设计，要将全部比特币挖出来需要上百年时间。目前，比特币区块链账本已经积累了61万个区块、280GB数据。那么，100年后数据量得多大？如果超过单机容量该怎么办？对于一个生产级商业区块链系统，需要一开始就考虑这些因素，要能支持超大账本（super-large-ledger）。账本过大时，一方面可以通过在线数据归档来缩小账本容量；另一方面，可以在线数据扩容，支持账本的分布式存储。

其次，如何动态修改区块链参数。历史上比特币系统因为各方对一些参数调整不能达成共识，经历过几次分叉，其间人们可能仅仅是为了将单个区块大小限制从 1MB 增加到 2MB 而长时间争吵。这对于商业系统是很不合理的。目前有两种方式可以在线完成这类修改，一种是基于投票的分布式自治协议方式，一种是基于多子链架构、子链共识完成在线修改。联动数科开发的"优链"底层天然支持第二种方式。

再次，密码学算法的安全是相对的。一是现有广泛使用的密码学算法可能存在漏洞，在一些特殊场景，必须整体切换为国民算法体系。二是当前安全的算法在未来不一定安全。因此需要加大密码学算法的强度，或者转变为一种全新的算法。比如，中本聪在 2018 年选择强度为 256 的椭圆曲线算法，这在当时是很安全的算法。但在高性能量子计算机出来后，可能就不再安全。中本聪早期挖掘出来的比特币就有可能被其他人盗用。这也意味着整个比特币系统会被颠覆。联动数科采用的方式是在底层支持多种非对称加密算法并行使用。当某种算法不再安全时，用户完全可以切换使用一个新的密钥地址，将其相关资产转入新地址即可，而底层系统基本不需要修改。

最后，单个节点可以随时进入和退出，可以单独升级，而不影响区块链系统整体的使用。埃森哲于 2016 年发布的报告预测 2018 年区块链开始向企业落地。现在看来这个预测还是比较准确的，目前已经有很多在生产环境中运营的优秀案例，个别区块链落地应用已经成为主流应用，很快区块链会进入商业化大规模部署的时代。

区块链最可能落地的行业有哪些？2016 年早期，大多数人认为区块链与金融密切相关，因此最有可能在金融行业落地。但实际上，金融行业严监管导致这方面的突破极少，而且同质化严重。2018 年，中国互联网金融协会对国内46家机构111个案例进行分析，发现有79%的案例都聚集在供应链金融、贸易金融、保险、跨境支付、资产证券化（ABS）等领域。案例同质化严重，监管严是一个原因，另一个原因则是很多与之相关的金融基础设施尚不完备，如电子版权、电子证照、电子票据等。2018年，区块链落地最成功的其实是司法行业，区块链先后在杭州、北京、广州三个城市的互联网法庭落地。

如何选择区块链落地的场景？业务场景一定兼具参与主体多、业务流程长、业务价值高、吞吐低的特征。具体来说，第一，业务应用合法合规。ICO这类不合规业务要完全禁止。第二，场景应用易实现。比如，区块链技术适用于类似跨境交易的低频度、高价值资产流转场景，但并不适用于"双十一"秒杀场景、高频证券撮合交易场景。第三，场景应用高价值。高价值业务在应用后能够大幅节省成本、增加整体利润。

如图3-10所示，兼具这三个特征的应用是供应链金融、跨境贸易金融、大宗商品交易等。兼具高价值和易实现两个特征的是前几年的ICO、虚拟货币等。兼具无风险和易实现两个特征的是存证、确权、溯源，主要应用于电子政务、数字化政务的效率提升和监管中，包括地方监管沙盒。区块链技术的优势在于提高数据的可信度，而后通过数字技术对数据进行分析。比如，地方金融非现场监管区块链系统是基于上报的可信数据，结合舆情数据、政务数据来监管本地的非银机构，诸如非法吸收存款、不良贷款等非规范性业务和交易很容易被发现。兼具无风险和高价值特征的是高频撮合交易，包括法定数字货币、大规模物联网。区块链可以保证物联网上设备和互联网上软件是可信的，但目前实现起来有一定的技术难度。

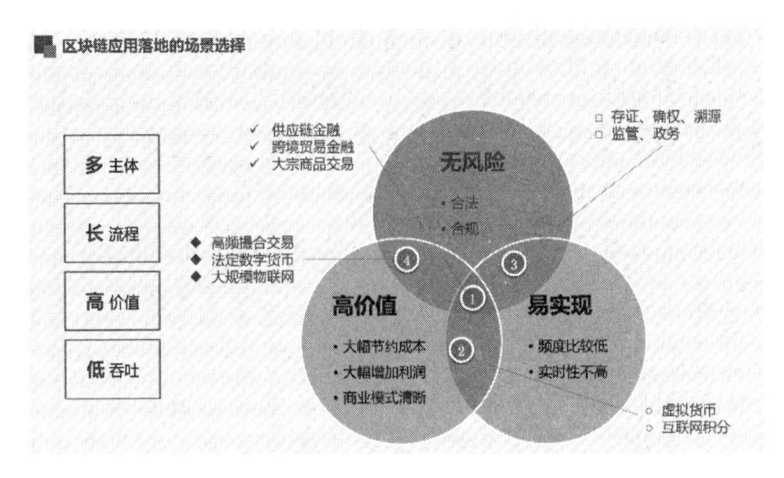

图 3-10 区块链场景选择

资料来源：联动数科.

你问我答

● **量子计算越来越成熟，会不会对区块链的安全性产生影响？**

量子计算基于谷歌的研究越来越成熟，其实量子计算对一些算法是适用的，对另一些算法是不适用的。有一些算法抗量子、抗传统，在区块链的加密算法上选择那些抗量子计算的算法来加解密，就能解决这个问题。

● **对协同和监管部门来说区块链有哪些价值？是提高效率还是使监管更有效？**

监管有几大难点：一是信息获取比较难。被监管方按监管机构的要求上报信息，信息是否可信不好评价。在一些非法吸储的案件中，相关机构被监管方发现后逃跑并删除了相应的数据，导致数据流失。如果数据通过区块链上传，上传的信息被修改或调整时会留下痕迹，这种"留痕"会约束被监管方。如此一来，可保证上传信息越来越可靠。二是监管信息识别难、举证难。如果信息上链与互联网法院打通，司法机构（包括公安）就可以直接在链上调取数据。这就提高了监管机构发现非法、隐秘的案件的效率，能够将相关动作消灭在萌芽状态，从而提升整个监管系统的效率和有效性。三是监管不透明。通过区块链，监管方把被监管方上传信息、舆情信息和各部委信息整合在一起，能够相对快速地发现比较敏感的、关联度比较高的信息。

第四讲

人工智能发展与银行业数字化转型

第四讲
人工智能发展与银行业数字化转型

陈云凯 百融云创副总裁。曾任职于 IBM，Oracle 以及四大会计师事务所，拥有 20 多年提供解决方案及咨询经验，服务客户包括银行、保险等金融机构及众多央企。2020 年加入百融负责公司产品解决方案和战略客户。服务客户包括：工商银行、建设银行、中国银行、农业银行、中信银行、人民银行征信中心、银监会、保监会等。

从概念产生，到逐渐成为全球关注的焦点，再到目前上升为国家战略，人工智能经历了 60 余年的发展，其间两起两落，第三次成为热点是因为有很多生动的落地应用案例。比如从 2016 年开始，谷歌开发的人工智能程序 Alpha Go 先后战胜了包括李世石、柯洁等在内的世界顶尖围棋高手等。人工智能的发展离不开"算法＋算力＋数据"的支持，金融业因其数据积累和技术发展优势是目前人工智能落地应用的重要领域，这为银行业提供了良好的发展机遇。

本文将从人工智能的定义入手，对比世界主要国家对人工智能的布局，梳理人工智能产业链布局和热点技术发展现状；分析人工智能的主要应用场景，结合银行业技术转型阶段，提出人工智能在银行业转型中落地应用的建议，帮助银行抓住机遇，向智慧银行转变。

人工智能的概念及发展历程

人工智能逐渐发展成一个庞大的技术体系，从感知、理解、学习、推理、决策、规划、行为、知识表示的角度来看，人工智能的技术分支有：感知——语音识别、图像识别等；理解——机器翻译、文本分类等；

学习——机器学习（包括统计学习、规则学习等）；推理——专家系统、机器证明等；决策——比如贷前自动决策引擎等；规划——自动规划最优驾驶路线等；行为——机器博弈、机器写作、自动驾驶、机器人等；知识表示——知识如何用机器存储与表示和关系图谱等。人工智能产业是围绕人工智能硬件支持、技术研发和应用场景的相关工业企业形成的工业链条。目前人工智能的产业化主要集中在计算机视觉、自然语言理解、语音识别和合成、机器人、机器学习领域。

人工智能从概念提出到现在已经发展了60余年，经历了两起两落，从2011年开始，随着云技术、大数据的发展，以及计算机技术的提高，人工智能迎来了高速发展。人工智能的发展历程如图4-1所示。

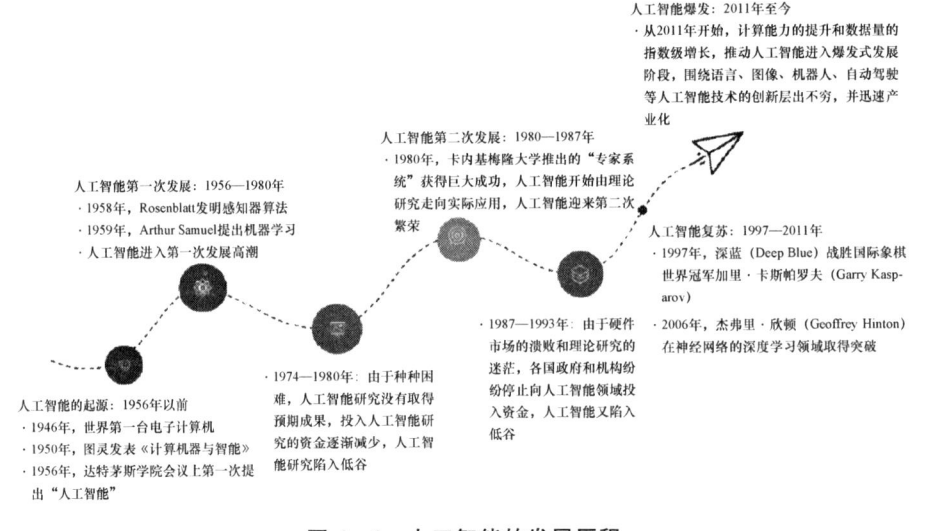

图 4-1 人工智能的发展历程

资料来源：公开信息，百融行研中心整理。

人工智能的起源：1956年以前。1956年，在达特茅斯学院举行的一次会议上，人工智能与认知学专家约翰·麦卡锡（John McCarthy）联合马文·明斯基（Marvin Minsky）、信息论的创始人克劳德·埃尔伍德·

香农（Claude Elwood Shannon）、IBM 计算机设计者之一纳撒尼尔·罗切斯特（Nathaniel Rochester）、诺贝尔经济学奖得主赫伯特·西蒙（Herbert Simon）发表了一份提案，共同研究和探讨用机器模拟智能的一系列有关问题，并首次提出了"人工智能"这一术语。这次会议被广泛认为是人工智能正式诞生的标志。

人工智能的第一次发展：1956—1980 年。在达特茅斯会议之后，随着计算机广泛应用于数学和自然语言领域，很多科学家看到了机器向人工智能发展的前景，人工智能迎来第一次发展高潮，涌现出很多研究成果，机器学习概念以及 AlphaGo 增强学习的雏形——感知器（perceptron）算法均在这个阶段被发明出来。20 世纪 70 年代，随着研究的进一步深入，人们面临计算能力不足、数据量不足等困难，投入人工智能研究的资金逐渐减少，人工智能的研究陷入低谷。

人工智能的第二次发展：1980—1997 年。1980 年，卡内基梅隆大学为数字设备公司设计了一套名为 XCON 的"专家系统"，该系统采用人工智能中知识表示和知识推理的技术来模拟解决只有专家才能处理的复杂问题，实现了人工智能从理论研究走向实际应用、从一般思维规律探索走向专门知识应用的重大突破。与此同时，随着美国、日本立项支持人工智能研究，以知识工程为主导的机器学习方法得到发展，同时出现了具有更好可视化效果的决策树模型并突破早期感知，由此带来了人工智能的又一次快速发展。20 世纪 90 年代初，早期大获成功的专家系统维护成本高、难以更新，只能在一定程度上解决问题，因此各国政府和机构纷纷停止向人工智能研究领域投入资金，人工智能再次陷入低谷。

人工智能的复苏：1997—2011 年。20 世纪 90 年代中期开始，随着计算性能的提升与互联网技术的快速普及，人工智能技术开始进入平稳发展时期，人们对 AI 开始抱有客观理性的认知。人工智能逐渐分化为多个学科，如计算机视觉、自然语言理解、认知科学、机器学习、机器人学、机器博弈等，针对特定场景下的技术进行研究，为日后的发展奠定了基础。

人工智能的爆发：2011年至今。2011年IBM开发的Watson系统在美国问答节目《危险边缘》上战胜了两位人类选手，随后Watson系统通过大量非结构化数据发现商业洞察，为决策者提供决策参考。得益于计算机性能的提升、互联网技术的变革、算法的改进以及海量数据的积累，人工智能进入爆发式增长阶段，从概念快速走向产业化应用。2019年，人工智能合成女主播在两会报道中上岗，引发巨大的反响，李克强总理在政府工作报告中指出要深化大数据、人工智能等研发应用。

Gartner在2019年发布了新兴技术成熟度曲线，并指出未来5~10年将对商业、社会、民生产生重大影响的五大新兴技术趋势。数字生态系统及高级AI分析位列其中。目前，人工智能在技术、算法和应用上都相对成熟。随着人工智能芯片计算能力的飙升、算法的突破创新，以及数据的成熟完善，专有人工智能将逐渐向通用人工智能迈进，许多领域将涌现出拥有超人能力的AI系统。

世界主要国家将发展人工智能视为提升国家竞争力以及维护国家安全的重大战略，并加快出台相关规划和政策，力图在新一轮科技竞争中掌握主导权，从而引领世界。美国是世界上第一个将人工智能上升到战略层面的国家。英国、德国、法国、韩国、日本等国也相继发布了人工智能相关战略，构筑人工智能发展的先发优势。中国的人工智能研究起步较晚，直到1978年人工智能的发展才开始步入正轨。尽管中国在人工智能领域比发达国家少积累20多年的时间，但是目前中国无论是人工智能的研究成果还是产业化速度，都处于全球领先地位。普华永道发表的一份报告乐观地指出，有了人工智能，2030年的全球GDP将增长14个百分点，相当于15.7万亿美元，而从中获利最大的

第四讲 人工智能发展与银行业数字化转型

就是中国,预计在2030年,中国GDP增长的26%都要归功于人工智能。麦肯锡在《机器的崛起:中国高管眼中的人工智能》报告中指出,中国将引领人工智能的行业趋势。报告预计,中国的人工智能应用市场将以50%的增速逐年增加,远远超过全球市场20%的年复合增长率。

中国取得的成绩与国家在人工智能变革上的积极引领密切相关。法国在2013年就已出台相关政策,先声夺人。从2015年开始,中国厚积薄发,不论在政策总数量还是频次上都遥遥领先,可以看出人工智能是国家层面战略方针中至关重要的一环。

人工智能自2016年起被纳入中国国家战略,相关政策的制定也迎来爆发期,图4-2为近年来人工智能在顶层设计方面的各种相关政策,随后我们将对政策在各行各业的影响以及相关细分政策进行梳理。

中国发展人工智能拥有得天独厚的资源优势。国家对人工智能技术的支持力度是空前的,也是其他国家无法比拟的。自2016年开始,人工智能在政府政策方面获得的支持不断增加,在"十三五"规划中人工智能被纳入国家战略发展层面。国家在人工智能领域密集出台了包括《"互联网+"人工智能三年行动实施方案》《新一代人工智能发展规划》《促进新一代人工智能产业发展行动计划(2018—2020年)》等在内的相关政策,大力推动了人工智能领域的创业及研究。在数据资源方面,我国拥有庞大的网民群体,截至2020年3月,我国网民规模达9.04亿。海量数据为人工智能的研究与发展创造了无可替代的优势。凭借这个优势,我国企业在语音识别、语言翻译、自动驾驶等领域逐渐取得领先位置。在人才优势方面,我国派遣的大批出国研究人工智能的专家,已成为我国人工智能研究与开发应用的学术带头人,对人工智能研究开发、产业应用和人才培养相当重要。世界知识产权组织表示,在AI领域,申请专利最多的20所大学院校和公共研究机构中，有17所设在中国，其中，中国科学院位居榜首。2018年年底，央行会同发改委等部门，在北京、上海、广东等10个省市启动了金融科技应用试点，重点是围绕四个方面为金融科技服务实体经济提供相关的经验借鉴。

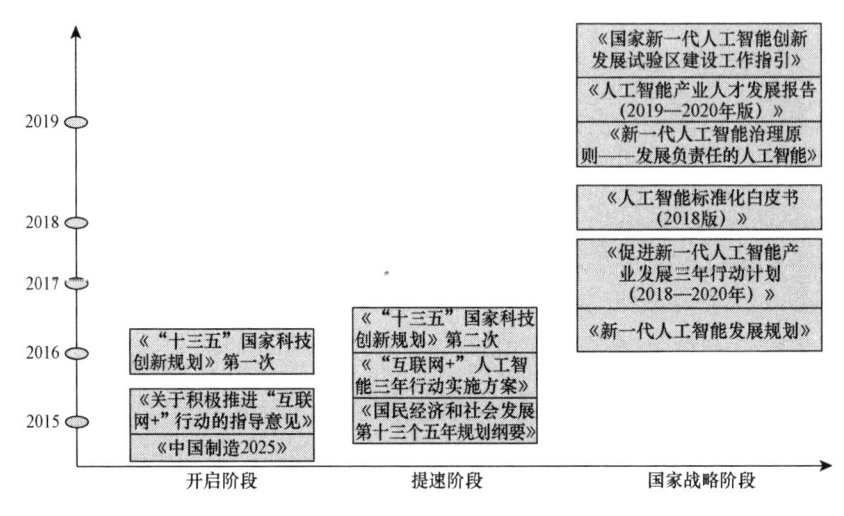

图 4-2 中国 AI 政策发展历程

资料来源：百融行研中心整理。

人工智能产业链及应用

人工智能产业链从下到上分为3层，如图4-3所示。最底层是基础层，包含云计算、大数据、芯片等多项基础设施，为人工智能产业奠定数据和算力基础。向上一层为技术层，包括机器学习、计算机视觉、语音工程、自然语言处理以及推理与决策等人工智能技术分支。最上层为应用层，如人工智能在金融、医疗、安防、交通等具体场景的应用，这是人工智能最终的价值体现。

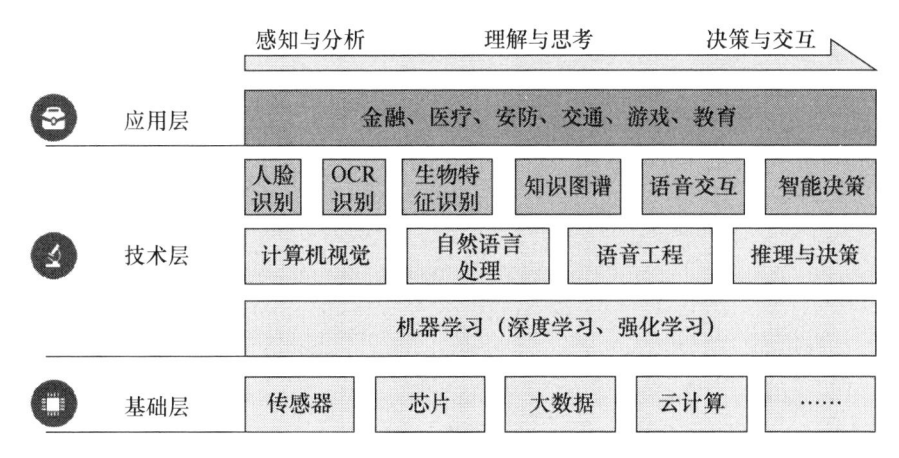

第四讲
人工智能发展与银行业数字化转型

图 4-3 人工智能产业链分布

资料来源：百融行研中心整理。

技术层作为最关键的层面，是以模拟人的智能相关特征为出发点构建的技术路径。实现人工智能的基础是算法，通过相应的算法可以让机器会看、会听、会说、会思考，这也是当下人工智能技术取得突破的主要领域，包括计算机视觉、自然语言处理、语音交互、推理与决策。在这几个重点领域，目前已经形成了一些成熟的技术及产品，如人脸识别、知识图谱、语音交互、智能决策等，应用于各行各业。

其中，人工智能的技术核心是机器学习，机器学习是 1952 年由亚瑟·塞缪尔（Arthur Samuel）首次提出的，研究计算机怎样模拟或实现人类的学习行为，以获取新的知识或技能，而算法是通过一套系统的逻辑实现机器学习的方法。当前炙手可热的深度学习、神经网络等均是实现机器学习的算法中的一种。根据学习模式和算法的不同，机器学习有不同的分类方法。

根据学习模式可以将机器学习分为监督学习、无监督学习、半监督学习、强化学习等。

- 监督学习。监督学习是建立一个学习过程，使用"训练数据"结果来训练，不断调整预测模型，直到模型的预测结果达到预期的准确率。主要用于分类问题和回归问题，在自然语言处理、信息检索、文本挖掘、手写体辨识、垃圾邮件侦测等领域获得了广泛应用。

• 无监督学习。无监督学习区别于监督学习，数据不被特别标识，无监督式学习网络在学习时并不知道其分类结果是否正确，仅提供输入范例，并自动从这些范例中找出潜在类别规则。学习完毕并经测试后，便可以将之应用到新的案例上，常见的应用场景包括关联分析和聚类分析等。异常检测是无监督模型学习中比较有代表性的方法，即在数据中找出具有异常性质的点或团体。如在关系网络中，大多数正常的个体应该是独立的节点，或者与另一个节点组成规模为二的团体（在这种情况下，多数可能为家人或亲友关系）。当出现三个点以上甚至十几个点关系密切时，这些团体可被归为异常。

• 半监督学习。半监督学习是监督学习与无监督学习相结合的一种学习方法，在训练阶段结合了大量未标记的数据和少量标签数据。通过研究发现，半监督学习将未标记的数据与少量标记数据结合使用，与无监督学习相比，在学习准确性方面有了相当大的提高，但不需要花费监督学习所需的时间和成本。

• 强化学习。强调如何基于环境行动，以取得最大预期利益。其灵感来源于心理学中的行为主义理论，即有机体如何在环境给予的奖励或惩罚的刺激下，逐步形成对刺激的预期，产生能获得最大利益的习惯性行为。它是智能系统从环境到行为映射的学习，使得学习系统对外部环境在某种意义上的评价为最佳，在机器人控制、无人驾驶、下棋、工业控制等领域获得成功应用。

根据算法可以将机器学习分为传统机器学习和深度学习。

• 传统机器学习。传统机器学习从一些观测（训练）样本出发，试图发现不能通过原理分析获得的规律，实现对未来数据行为或趋势的准确预测。相关算法包括逻辑回归、隐马尔科夫方法、支持向量机方法、K近邻方法、三层人工神经网络方法、Adaboost算法、贝叶斯方法以及决策树方法等。传统机器学习平衡了学习结果的有效性与学习模型的可解释性，为解决有限样本的学习问题提供了一种框架，主要用于有限样本情况下的模式分类、回归分析、概率密度估计等。传统机器学习方法共同的重要理论基础之一是统计学，在自然语言处理、语音识别、图像识别、信息检索和生物信息等许多计算机领域获得了广泛应用。

• 深度学习。深度学习是建立深层结构模型的学习方法，典型的深度学习算法包括深度置信网络、卷积神经网络、受限玻尔兹曼机和循环神经网络等。深度学习又称为深度神经网络（指层数超过3层的神经网络）。深度学习作为机器学习研究中的一个新兴领域，由丽娜·德施特（Rina Dechter）于1986年提出概念，经过20年的发展，杰夫·欣顿（Geoff Hinton）于2006年发表了针对模型训练应用等的突破性文章，打破了神经网络发展的瓶颈。深度学习源于多层神经网络，其实质是给出一种将特征表示和学习合二为一的方式。经过多年的摸索尝试和研究，产生了诸多深度神经网络的模型，其中卷积神经网络、循环神经网络是两类典型的模型。卷积神经网络常用于空间性分布数据；循环神经网络在神经网络中引入了记忆和反馈，常用于时间性分布数据。深度学习框架是进行深度学习的基础底层框架，一般包含主流的神经网络算法模型，提供稳定的深度学习API，支持训练模型在服务器和GPU、TPU间的分布式学习，部分框架还具备在包括移动设备、云平台在内的多种平台上运行的移植能力，从而为深度学习算法带来前所未有的运行速度和实用性。目前主流的开源算法框架有TensorFlow，Caffe/Caffe2，CNTK，MXNet，Paddlepaddle，Torch/PyTorch，Theano等。

人工智能推动银行第四次进化

人工智能的发展和落地离不开"算法+算力+数据+场景",金融行业由于其数据积累优势及不断发展的科技属性优势,成为人工智能应用落地的最佳实验田。在庞大的金融体系内,银行是目前人工智能应用落地案例最多的"场景"。下面我们会基于银行科技化的发展路径展开,对目前人工智能在银行的场景应用进行详细介绍。

技术变革推动银行自我进化

从人类发展史来看,每一次技术变革都将带动银行业的自我进化。自1472年出现第一家银行以来,银行经历了三次进化,随着人工智能等技术的应用,银行开始了第四次进化,如图4-4所示。

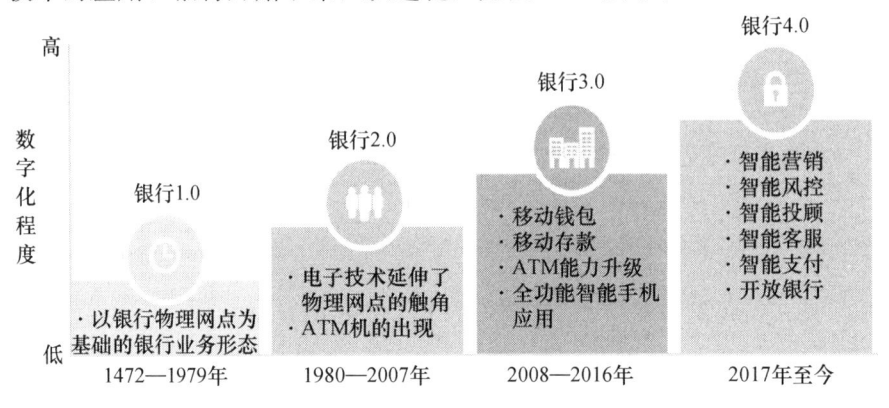

图4-4 银行进化阶段示意图

资料来源:Brett King "银行X.0",百融行研中心整理。

银行1.0是以线下物理网点为基础的银行业态,这个阶段从1472年第一家银行出现一直延续到1979年。20世纪80年代出现ATM机,有了自助银行,90年代出现网上银行,银行2.0时代到来,计算机和网络技术成为银行物理网点服务的一种延伸，用户不需要到银行网点就可以享受到银行的服务。银行3.0时代的到来以智能手机的出现为开端，只要有一部智能手机，即可在任何时间、任何地点操作现金以外的银行业务。这极大改变了用户的行为和消费习惯，打破了以物理网点体系为基础的银行服务模式。人工智能（AI）、现实增强（AR）、语音识别设备、穿戴智能设备、无人驾驶、5G通信、区块链等创新型技术手段发展和普及，使银行进入4.0时代。银行业务的效用和体验完全脱离物理网点和以物理网点为基础的渠道延伸，银行业务的效用和体验不再依附某个具体金融产品，直接嵌入我们的日常生活场景中，银行将通过智能化服务嵌入成为人们数字化生活的一部分。

目前来看，人工智能在银行4.0时代的应用主要包括：智能风控、智能支付、智能投顾、智能营销和智能客服。银行在相应的信息技术以及互联网技术的基础上，嵌入人工智能新应用，协调银行与客户在销售、营销和服务上的交互，从而提升其管理方式，向客户提供创新的个性化服务。通过数据深挖、价值发掘、智能触达等方式，银行最终实现吸引新客户、保留老客户以及将已有客户转为忠实客户。同时，人工智能可以提升风控流程效率，降低审批成本，在综合处理底层数据后，全面评估客户风险。在支付场景、智能客服等方面，人工智能均有广阔的应用场景。

监管层在银行业转型上的政策支持

银行业科技化转型离不开监管政策的指引与支持，我们列举了从2015年到2020年，监管机构发布的部分政策文件，并列示了与金融科技或银行科技化转型有关的内容，如表4-1所示。可以看出，从中国人民银行、银保监会到各地银保监局，对于金融科技及银行业科技化转型都是肯定与支持的，科技带来的银行业务模式的改变正在潜移默化地改变银行的方方面面。

表4-1 银行业科技转型（2015—2020年）的部分监管文件

序号	发布时间	发布机构	相关政策	相关内容
1	2015年7月7日	中国银监会山东监管局办公室	《山东银监局关于银行业深化改革创新驱动促进实体经济发展的实施意见》	促进金融与信息技术融合创新。推动移动互联、云计算、大数据等信息技术与金融业的深度融合发展，加快业务模式、机制、流程、产品创新，提高各项业务的信息化水平和响应处理速度。有条件的银行业金融机构可探索搭建"互联网＋金融"网络服务平台，创新推出具有互联网属性的大众金融产品和涵盖支付结算、融资、产业链等全方位的网络金融服务，探索实施在线营销、在线评级、在线监控等新型服务模式，努力构建线上线下协调发展的互联网金融生态圈。
2	2015年7月28日	中国银监会办公厅	《中国银监会关于印发商业银行信息科技风险动态监测指标（试行）及试点实施方案的通知》	信息科技风险动态监测指标综合反映了商业银行信息科技风险水平及风险管控能力，对此，银监会共设置了稳定性指标、安全性指标和规模性指标3类共8个指标。安全性指标用于衡量商业银行对安全威胁的抵御能力与安全事件的处置能力，包括：假冒网站查封率、外部攻击变化率和信息科技风险事件数量。
3	2016年7月15日	中国银监会	《中国银行业信息科技"十三五"发展规划监管指导意见（征求意见稿）》	《中华人民共和国国民经济和社会发展第十三个五年规划纲要》明确提出要实施创新驱动发展战略，强化科技创新引领作用。信息科技作为银行业金融机构的核心竞争力，在未来五年担负着增强创新能力，加强引领作用，提高发展质量，助推转型升级的重要使命。但是，当前银行业信息化建设和风险管理能力与进一步深化改革、创新发展、转型升级还存在一些不适应、不匹配的问题，亟须在"十三五"期间加大改进力度。主要表现在：信息科技治理体系的有效性还需进一步增强，信息科技风险管理能力仍有较大提升空间，数据的管理和服务能力还有待提升，支撑创新的文化和土壤还需进一步培育。

续表

序号	发布时间	发布机构	相关政策	相关内容
4	2017年6月1日	中国人民银行	《中国金融业信息技术"十三五"发展规划》	紧紧围绕国家金融改革发展相关战略，进一步完善金融信息基础设施，以新技术应用促进"互联网＋"行动计划、大数据发展行动落实，推动实施金融标准化和网络空间安全战略，优化金融信息技术治理体系，全面提高金融服务能力，推动普惠金融发展。 加强金融科技（Fintech）和监管科技（Regtech）研究与应用，稳步推进系统架构和云计算技术应用研究，深入开展大数据技术应用创新，规范与普及互联网金融相关技术应用，积极推进区块链、人工智能等新技术应用研究。
5	2019年8月1日	中国人民银行	《金融科技（FinTech）发展规划（2019—2021年）》	明确了我国今后三年金融科技发展目标、重点方向和主要任务，为金融科技的发展提供了方向指引。内容指出，金融科技是金融与科技的深度融合，涵盖大数据、云计算、人工智能、分布式数据库等多个技术领域。技术应用既提高了金融科技的质量和效率，也扩大了金融科技范畴。
6	2020年7月1日	中国银保监会	《商业银行互联网贷款管理暂行办法》	办法的出台顺应了未来的发展趋势，即数字化、智能化的发展与各行各业相融合。过去我们发展互联网金融和金融科技都涉及互联网银行，但更侧重小微机构在操作层面和应用层面的业务。未来互联网的核心在于技术和应用的结合。未来互联网金融科技的主战场将是传统金融行业，这意味着银行的科技转型。在监管的过程当中会涉及很多技术性以及合规性问题，亟须相关监管部门出台法律法规以规范行业的发展，促进银行的数字化转型。

智能营销多维度发掘客户新价值

当前,银行获客面临的挑战越来越突出。在竞争方面,银行的产品与服务有很大的相似性,特色内容过少,移动互联网时代,信息的可触达方式更为多样化,银行在开展多渠道营销的同时,自身的客户群体也处于竞争者的可覆盖范围,客户群体之间存在交叉的情况更为明显,客户的忠诚度备受考验。由于产品、服务的同质性,加上受非银行金融机构的冲击与挤压,银行的资产端与负债端均承受着不小的压力,老客户的留存率很容易出现下行,新客户的获客成本更难压缩,银行客户的忠诚度相较以前明显下降。易观公布的数据显示,2019年12月之后,工行、建行、农行、招行的手机银行月活跃用户出现下降,环比下降幅度最高达7个百分点,直至2020年3月,受疫情影响,手机银行月活跃数才遏制住下降趋势。

随着负债端优质客户的缩水,银行传统的市场竞争将更加白热化,同时,各保险、基金机构与互联网巨头联合,推出各类个性化产品,争抢客户资源。针对高净值客户提供优质服务以控制头部资源的营销策略显得守旧且危险。银行的目标客户群体已经下沉,向中小微企业和个人覆盖,下层客户的获取、留存是银行未来竞争的重要因素。

多维度客户分层可实现产品与定价的精准匹配。银行正在不断探寻新路径对客户群体进行分层分组。对客户的分层可以是单维度的,由少数几个属性决定,但过于粗糙;多维度、精细化的分层才是精准营销的可靠基础。依托数字科技,银行可预置一套规则模型,构建不同的客户标签属性,包括资产情况、消费情况、收入与职业、价值偏好、网络行为等。银行现有庞大的客户资源,但大多处于被动式管理状态,客户睡眠率高,价值创造停滞。应对存量客户进行分层,主动地管理自有客户,辨别不同客户隐含的价值,深挖客户资源。对于产品组合持有数少的客户，需加大推荐力度，预先防范流失风险；对于深度睡眠客户，需根据模型的评分效果，分析重新召回的可能性。

知识图谱是发现有效客户的另一项技术。依托知识图谱等算法技术将不同种类的信息连接在一起，从而形成一张关系网络。通过积累有效的营销客户样本，对客户的特征向量进行抽取、发散、聚类、重构，研究不同客户之间存在的共同联系，通过联系产生价值，如图4-5所示。

在数字化的科技红利下，银行可将任何零散、小规模的客户群转化为一种新的细分用户群，对此类客户群建立合理的价值标签网络，同时提升风险控制、风险定价水平，服务于小微企业、年轻群体、三农群体，真正实现金融服务的全方位下沉。

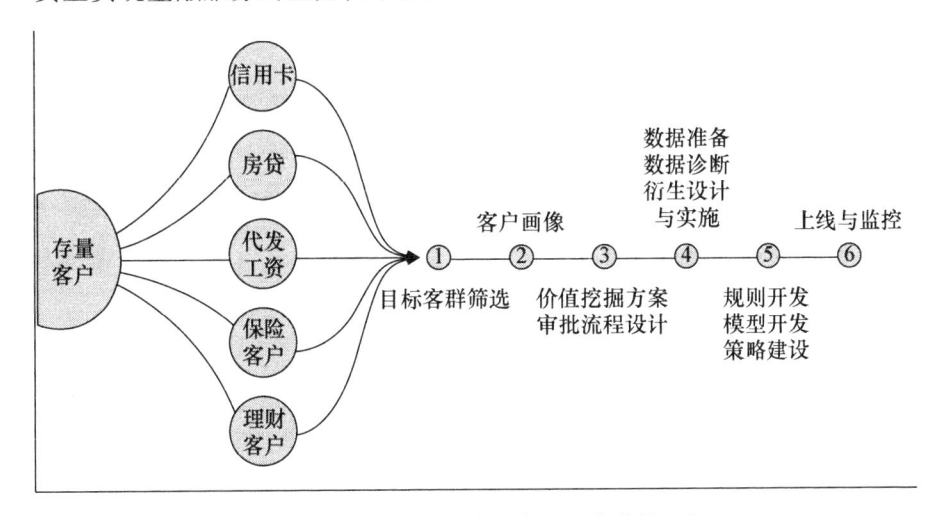

图4-5　基于客户画像的存量客户营销流程

资料来源：百融行研中心整理。

智能投顾引领财富管理新方向

花旗银行的数据显示，2017年中国个人可投资资产总额达188万亿元，过去十年间，个人财富规模增长了近5倍。保守估计，2020年年底国内可投资资产总规模将达到200万亿元。同时，高净值人群（1 000万元以上）的财富比重也在上升，预计将从2013年的39%上升至2020年的49%，未来的投顾市场有望进一步扩大。

财富管理数字化是未来的发展趋势。智能投顾是在现代投资理论的基础上，主要应用大数据、知识图谱、机器学习等技术，实现结构化智能投资决策的过程。智能投顾首先要做的是了解客户，这与智能营销有相似之处，不同的是，投顾业务在很多情况下是客户主动发起的，或者是银行进行前期的客户意向营销，得到客户认可后，客户主动向银行发出咨询请求。此时，银行可进一步邀请客户，获得更多的信息，补充完善客户的画像。合理的客户资产配置，需要提取更多的客户特征值变量，辅助自动或半自动的决策。

经过数据画像，智能投顾给客户推荐的不是单维度的产品，而是构建适合客户的投资资产池——将资金分散在不同的产品当中，追求收益与风险的平衡。现代投资组合理论认为，投资组合能降低非系统性风险，一个投资组合是由各证券及其权重确定的，选择低相关性的证券应是构建投资组合的目标。智能投顾需解决这一问题。推荐给客户后，智能投顾还需实时监测市场的动态变化，提供主动的资产管理服务。应追求长期资产的保值增值，避免短期的风险投机行为。当市场风险有所变化，必须及时做出反应，调整投资组合的比例，并快速将信息推送给投资人，以实现风险的主动管理。

从实际的应用效果来看，目前国内的智能投顾平台只做到了大方向上的资产规划和产品推荐，还无法真正实现财富管理和基金管理。据不完全统计，目前国内宣称具有"智能投顾"功能或者正在研发"智能投顾"功能的理财平台已经超过20家，但基本集中在互联网理财平台领域，包括京东智投、蓝海财富、来钱、资配易、胜算在握等。相比之下，银行则显得较为低调，目前，工行、招商、浦发、兴业对外宣称开展了智能投顾业务，但仅招商银行的摩羯智投有一定的知名度。银行的智能投顾业务同样不能突破当前技术的局限，仍处于一种半自动化决策的水平，产品类别明显受限。

从市场来看，中国大众投资者的理财水平仍需提高。目前，将钱存在银行以追求资金安全，仍是大部分人的投资心理。中国人在金融产品上的投资比例较低，而美国人平均超过60%。这一方面说明银行仍掌握多数的客户资源及资金流，具有巨大的发展潜力。另一方面对银行的整体投顾业务水平提出更高的要求，银行不能依赖于理财经理咨询的模式，必须借助更为先进的投顾应用技术，否则将面临客户源与负债资金流失的风险。

智能风控开启信贷业务新范式

人工智能在风控方面的应用优势主要体现在两大方面：风控流程效率和信贷审核准确性。风控流程效率包括在降低审批成本（包括人工和其他）的同时提升审批效率（例如从日审100单提升至日审10 000单），信贷审核准确性则是指通过大数据应用更准确地评估客户风险。

在贷前阶段关注的重点是欺诈风险和信用风险，快速、准确筛除非目标客户群，同时对准入客户群做有效分层管理；贷中阶段的主要工作是及时跟踪客户状态，对于异常情况能做到快速预警，避免造成进一步的损失；而在贷后阶段，高效催收是各个银行类机构追求的主要目标。

（1）人脸识别系统。人脸识别系统集人工智能、机器识别、机器学习、模型理论、专家系统、视频图像处理等多种专业技术于一身，同时需结合中间值处理的理论与实现，是生物特征识别的最新应用，其核心技术的实现展现了弱人工智能向强人工智能的转化。在风控准入具体运用中，人脸识别系统主要用在进件要素核验当中，用于防止虚假身份欺诈风险中的非本人进件情况。

虚假身份欺诈风险主要是指在申请人不知情的情况下身份遭冒用，欺诈分子会通过黑灰产购买用户的身份证、手机号以及银行卡信息，并伪造身份证申请信用卡以及贷款等。一般信贷机构会设计三个方面的风险拦截。首先是进件资料真伪的辨别流程。由于身份证有较为明显的防伪标识，一般的伪冒身份证通过人工排查很容易分辨，但处理效率较低，金融机构会使用 OCR 技术直接摘取证件信息，同时提升处理效率。其次是进件资料逻辑性验证的流程，即二要素、三要素、四要素验证。例如申请人进件的三要素资料都是真实的，却不是同一个人的，这种情况也需要进行拦截。最后，在资料真实且属于同一人的情况下，是不是本人进行申请操作也是抵御虚假身份欺诈风险的关键流程，这里需要用到人脸识别技术。另外，针对不同机构的要求，还可添加手机使用情况核查环节以及人工辅助核查环节，以提高进件门槛。

（2）关系网络。事实上，我们可以把表示不同实体与关系的多个图叠加成一个大图，并且可以在该大图上定义不同类的实体之间新的关系，我们把这种混合多个实体与关系的图称为关系网络，如图 4-6 所示。该图包含两类实体：个人和机构，三类关系：强关系、弱关系和无关系。

对于贷前和贷中来说，关系网络主要运用在反欺诈上。除了对申请人关联信息异常的追踪以外，目前信贷机构还有一个较大的挑战是识别团案与中介。基于关系网的团伙欺诈，手法多样、成团迅速、潜伏期长、隐蔽性强，黑中介比团案更加隐蔽。需要通过人工智能技术构建反欺诈的团案模型，利用规则视图快速筛选，进行聚类分析，辅助反欺诈人员更直观地调查风险。所以关系网络贷前和贷中的具体运用可以分为异常信息检测、团伙欺诈识别的一致性验证等方面。

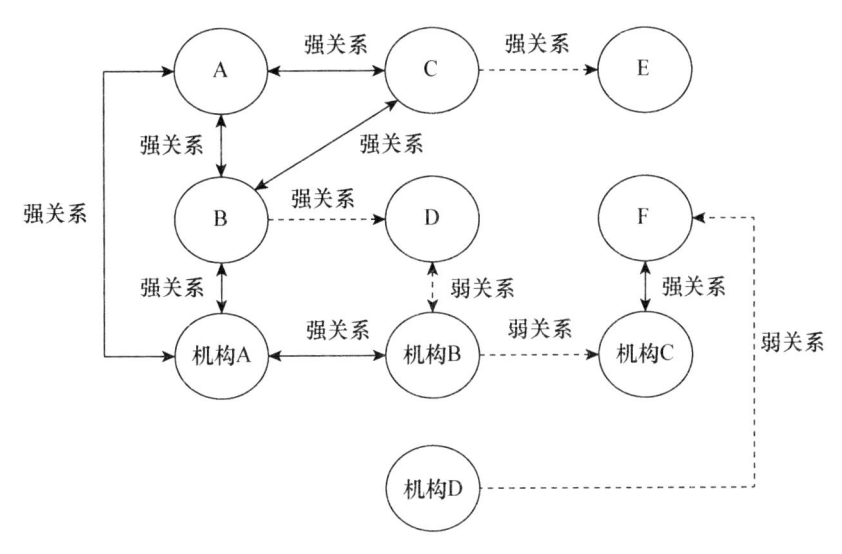

图 4-6 知识图谱样例

资料来源：百融行研中心整理。

（3）智能机器人。智能机器人是自动执行工作的机器装置。智能机器人可接受人类指挥，也可以执行预先编排的程序，还可以根据利用人工智能技术制定的原则、纲领行动。按照功能，智能机器人可分为三类：传感型、交互型和自主型。贷前、贷中的风控流程中，智能语音机器人可以起到审批和回访的作用。在贷后阶段，智能语音机器人可以做类似人工催收的工作，主要优势在于节省人力、全年无休、策略标准化且不受人的情绪影响，多方位地提升催收效率。

（4）智能支付。人工智能对支付的影响主要体现在支付方式的多样化、便捷化，以及保障账户安全和智能管理上。当下最火的人工智能支付方式是刷脸支付。刷脸支付，即基于人脸识别技术的新型支付方式，将用户面部信息与支付系统相关联，通过拍照把获取的图像信息与数据库中事先采集的存储信息进行比对来完成认证。2013 年 7 月，芬兰公司 Uniqul 推出全球首个基于面部识别技术的刷脸支付系统。国内大众对刷脸支付的广泛认知始于 2015 年马云向德国总理默克尔展示刷脸支付。

目前，由于人脸识别的安全性等问题，从全球范围来看，刷脸支付还没有大规模落地，但刷脸登录和刷脸取款已经开始应用。人脸识别安全认证和其他生物特征识别技术相比，具有识别过程友好、方便快捷的优点。另外，通过人工智能的图谱计算技术，可以对账户进行聚类和关联分析，基于协同账户准确把握客户画像，全面获取金融服务的需求，精准识别支付清算的风险。

（5）智能客服。智能客服可以实现自动化服务和销售，降低人工成本。智能客服采用自然语言处理技术，可以精准提取信息并理解客户意图，通过知识图谱构建客服机器人的理解和答复体系，提升服务效率，缩短咨询处理时限，分流传统人工客服的压力，实现自动化服务和销售。另外，基于用户画像的账户管理，可以推动以用户为中心的运营体系升级，促进交叉销售。

智能客服机器人在银行的客服中心已有广泛的应用，包括信用卡信息核对、客户回访、产品营销、客服电话咨询等领域。银行的智能客服能够提供全天候、无限量的客户服务，具有拟人化应答能力，平均响应时间不到1秒，应答准确率达90%，客户满意度达80%以上。在银行的应用场景中，智能客服可大体分为用户呼入与主动呼出两大类。用户呼入是客户联系银行，由智能客服代替人工回应客户的诉求；主动呼出则是智能客服主动联系客户，或主动完成一些事务处理，主要包括文字座席、智能IVR、电话客服、机器人客户经理、信审电核、智能质检等。

你问我答

● **能否介绍一下百融智能机器人的使用案例？**

百融云创在疫情期间，采用智能机器人技术帮助石景山区政府和朝阳区政府面对广大人群进行宣传、信息调研和访问,提高了效率,降低了成本。百融云创的智能机器人帮助某大型银行提醒逾期人群及时归还欠款,在节省银行人工成本的情况下,取得了良好的效果。

第五讲

金融科技使能供应链金融

第五讲
金融科技使能供应链金融

宋华 中关村互联网金融研究院首席供应链金融专家。中国人民大学商学院教授、博士生导师，中国物流学会副会长，商务部市场调控专家库专家，中国管理现代化研究会副秘书长。主要研究领域为供应链物流管理，特别是供应链金融、服务供应链、供应链关系、供应链安全与风险管理等领域。

重新认识供应链金融

供应链金融这几年发展得很快，从2002年到现在发展得如火如荼，特别是2017年以后，各行各业包括很多管理部门都在推动供应链金融，但是最近出现了供应链金融究竟能不能扶持中小微企业的质疑的声音。解释清楚这个问题需要回归到供应链金融与金融的本质。金融本质上是一个天平，天平的底座是风险的识别与控制。现在很多金融机构之所以不愿意向中小微企业提供融资贷款，一个最主要的原因是信息不对称容易造成违约，赔付率上升，无法知道风险在哪里、如何控制风险，所以金融最核心的一定是风险识别和控制。

在产业运行中往往涉及不同的主体，比如供应商、第三方物流、客户，甚至还有供应商的供应商、客户的客户，不同的主体往往从事不同的业务。物流公司从事仓储、运输、配送等业务，供应商生产原材料，业务性质千差万别。除此之外，不同主体所涉及的资产也是千差万别。总之，任何一个主体、任何一项业务活动、任何一项资产管理信息的缺失，都会产生信息不对称，最终导致金融危机。

要真正控制风险，一定要把握产业链中的信息。只有真正抓住产业链信息，才能打造出金融最核心的东西——信用。因为金融说到底还是要解决信用问题，天平的两端，一端是资产，一端是资金，要让资产和资金实现良好的匹配。金融的本质就是既能满足产业中对资金的需求，又能把风险控制在合理范围内。从这方面来讲，供应链金融跟传统的金融与借贷是存在区别的。传统企业需要资金时，会向商业银行申请贷款，商业银行在做是否借贷的决策之前一般都要做征信。征信就是先审核企业的三张财务报表，包括资产负债表、利润表和现金流量表；然后审核企业的可抵质押资产；最后判断产品是否有竞争力，企业管理水平如何。

今天的中小企业面临的偏偏是这三个问题。第一，大部分中小企业没有完善的财务报表，即便中小企业有财务报表，这个财务报表也未必是可信的。第二，大部分中小企业没有真正意义上可抵质押的资产。第三，中小企业在初期发展阶段产品竞争力较弱。这就导致银行在做借贷决策时很困难。这也是这么多年国家呼吁解决中小微企业融资难、融资贵的问题，但是到今天并没有真正解决的原因。

供应链金融不仅关注借款者，更关注借款者的上下游，关注这三方或多方之间的贸易结构，这三方或多方之间业务单证的流转、操作过程，物流管理，库存周转率等。最终，在整个供应链基础上，提供一个综合性的金融解决方案，这就构成了供应链金融。供应链金融的关键是牢牢基于业务与产业运行的过程，让资金切入一个需要资金同时又可以控制风险的地方。

供应链金融和传统的资金借贷（传统银行也在做所谓的供应链金融，比如保理、反保等）之间的区别体现在以下方面。

（1）管理要素。金融机构在做借贷决策时，以"好的资产负债表"为基础，对企业以往的财务信息进行静态分析，依据对受信主体的孤立评价作出信贷决策。供应链金融评估的是供应链的信用，加强的是债项本身的结构控制。债项结构就是因为买卖而产生的债权债务的结构关系。换句话说，供应链金融看的是业务，并不完全相信财务报表，只相信业务本身。

（2）业务形态。很多银行做的业务体现的是简单的资金借贷关系，以一个或几个生硬、机械的产品"水平"覆盖不同细分市场及交易链条上各个节点、各个交易主体的需求。比如银行大体上有三类业务：第一类是应收应付，最典型的是保理、反向保理等。第二类是存货融资，包括仓单质押、存货抵质押等。第三类是预付，主要有保兑仓，一般保兑仓是存货融资的过桥。所以严格意义上来讲，是应收应付和存货融资两大类，但是目前这两类业务在运行过程中存在一定的问题。

应收应付，也就是保理和反向保理业务，在我国面临非常大的挑战，这个挑战来自制度环境。保理业务方面，很多核心企业在与中小供应商签订采购协议时，经常会约定应收账款不准转让。主要有两个原因：第一，一旦允许转让，必然会占用核心企业的信用额度。第二，有一小部分核心企业和大企业想通过延长账期压榨中小企业。

反向保理更难。反向保理是指大型核心企业推行"白名单"，金融机构针对白名单中的中小供应商做应收账款的转让贴现，也叫反向采购。这个业务的挑战在于确权。所有业务能做下去的先决条件就是确权。什么叫确权？举例来说，采购方承认采购供应商多少货，应还供应商多少钱，什么时候还供应商钱。但是很多大型企业从来不做确权，因此，要真正解决中小微企业融资问题，必须强制大型企业做确权。这也是现在传统的金融保理、反保理业务很难做的真正原因。

存货融资也会遇到挑战，它的挑战在于：第一，存货是否真实存在。由于存在道德风险，存货质押给银行以后，无法保证存货在第三方监管的仓库，而且是真实存在的。第二，存货是否保值。金融机构作为实体产业外的参与者，很难清晰把握产业周期与价格的变化，因此会产生存货价值波动的风险。2013—2014年上海钢贸诈骗案、2014—2015年青岛港事件都反映出这个问题。

但是，供应链金融不一样，供应链金融业务会根据交易对手、行业规则、产品特点、市场价格和运输安排等，为供应链中不同交易层次的主体量身定制专业化的金融解决方案。供应链金融根据业务的情况以及对业务的把握来决定资金流向谁、流多少、怎么给、怎么管。例如，最近顺丰出了一个"丰融通"的产品，由于为很多企业提供"仓、配、运"一体化的业务，因此顺丰能把握商品在干线、支线流转的情况以及库存周转率，在掌控整个资产状况的条件下，帮助一些大型企业的经销商获得银行资金。这个产品的核心是基于物流系统、TMS系统、OMS系统、WMS系统形成对资产和业务的把控，然后把信息穿透给资方，为上下游企业，特别是大型企业的经销商提供服务。因此，这不是一个单纯的金融活动，而是建立在物流管理和运营管理基础上的金融行为。这也是供应链金融的业务形态跟以往的金融产品不太一样的原因。

（3）业务结构。传统的金融运作参与主体一般只有商业银行等信贷机构和中小企业双方，有时需要第三方担保人的参与。而供应链金融不仅有金融机构、融资企业，还包括供应链中所有参与企业、第三方物流公司等，在此基础上为供应链中的中小企业提供服务。

我国的供应链金融大概经过了四个阶段。从模式上来讲，从2001—2002年开始，深圳发展银行开始做银行主导的供应链金融，即应收应付、存货融资、预付三类产品，但是到了2008年赔付率很高，业务发展"一地鸡毛"。2008年以后，银行不做主导，形成了核心企业主导的供应链金融。核心企业基于自有供应链，掌控上下游，再结合金融机构，为上下游提供金融服务。虽然核心企业主导的供应链金融模式解决了上下游的资金问题，但是这个模式仍然存在一定的局限性。首先，这种模式对核心企业的能力要求很高，核心企业必须要有良好的供应链管理能力、强大的信息化能力以及强大的资金整合能力来对接资金方和资产方。其次，这种模式只能惠及核心企业的直接上游和下游，很难渗透到多级网络。有的核心企业可能会利用自己的垄断地位,变相欺诈上下游,强行做所谓的金融活动。

2013年以后,形态开始发生改变。一个更开放、专业的供应链金融的运作模式,也就是平台生态导向的供应链金融逐渐发展起来。平台导向的供应链金融是把每个企业都嵌入一个业务中,用一种生态的、开放的方式把各主体连接起来,在把握业务的基础上,使金融机构能有效赋能中小微企业。这种模式的局限性在于不能像核心企业一样掌控所有的业务并把控物流。一旦到了网络生态中,很多企业之间没有最直接的业务关系,无法有效控制风险。

目前逐渐进入科技金融阶段。越向开放化、生态化金融发展,就越需要用科技的手段助推平台生态导向的供应链金融,让供应链金融进一步惠及中小微企业。

科技推动供应链金融发展

目前,在供应链金融运作的实践过程中遇到了四个问题。第一个问题是溯源。当交易网络化、开放化、生态化之后,多个供应商通过第三方物流进行运输、仓储、配送,如果缺乏运营的详细记录,便无法了解具体的运营状态。所以溯源问题是现在遇到的一个很大的挑战。

第二个问题是信息共享。供应链是一个多利益相关者的合作网络,这就涉及关联方的信息共享问题。比如,当买方、卖方跟第三方形成合作关系的时候,卖方拥有产品质量、销售状况的信息,买方拥有采购订单信息,而物流方涉及仓、配、运等各方面信息。如果这几方的信息不能相互验证,就会存在贸易的真实性问题。比如,没有真实的物流信息,买方和卖方完全可以串联虚构贸易以骗取金融机构的资金。如果只有物流的信息，没有买方和卖方的信息，同样可以虚构物流骗取资金。所以供应链金融一定要实现关联方信息共享。

第三个问题是现时信任。现时信任是指在短期内建立信任。原来的信任是基于长期的业务关系，但是当面临疫情这类突发情况时，原来的供应链体系被打乱，需要在短时间内找到其他不熟悉的供应商，快速建立信任，即现时信任。

第四个问题是智慧监测或者智慧监管。无论是政府层面还是企业层面，如何监管不同主体、不同环节、不同资产的状态是难点。

科技金融赋能供应链金融最主要的目标是从人际信任走向数字信任。如果不能建立起数字信任，供应链金融的模式就很难实现。数字信任表现为以下四个方面。

（1）实时（real-time）。任何信息、数据的获得一定是零延迟的。任何信息、数据反馈的延时都可能产生机会主义和道德风险。

（2）透明（transparent）。供应链运营以及金融活动中所产生的数据和信息，能够为相关利益方获取和知晓，并且一定是可视可见的。

（3）互联（interconnected）。供应链运营的各个环节、各个维度的数据、信息能够相互印证、相互映射。

（4）可追溯（traceable）。在供应链运营和金融活动的全生命周期，能够监测、管理、追踪。

只有做到这四点，才能真正产生数字信任，科技金融所推动的供应链金融才有可能实现。

科技在其中的作用主要是两个方面：一方面是资产，促进资产的底层交互客观化与末端业务自治化。另一方面是资金，解决好资金的债项结构客观化和主体信用自治化问题。

底层交互客观化指的是供应链交易和运营活动能够做到真实、细致、透明化反映，从而实现物与物、人与物之间交互的客观体现，以及业务背景真实性基础上细颗粒度风险管理，进而激活物体本身的新经济价值。底层交互客观化有两方面含义：

其一，如何通过信息通信技术赋能实现物与物、人与物之间的逻辑关系管理，进而推演到人与人之间的关系管理。不能仅仅对法人进行征信，一定要观察业务，观察资产在供应链中的价值变动和流动状态，这就是物与物的关系，也是今天供应链金融管理的核心。

其二，资产的细颗粒度管理。所谓细颗粒度指的是供应链金融管理中对资产的把握和管理是基于每件产品、每项活动的真实状况以及可能的变化。一旦资产的细颗粒度做不到，即基础资产管不住，金融就会出现泡沫。比如，很多企业都在做基于应收账款的ABS，但是投资者把握这些资产的真实状况很困难，所以很多投资者看重的是资产发行方，但却不了解基础资产。

末端业务自治化即供应链运营每个阶段、每项活动的自治和行为驱动的自组织智能业务的实现，包括两层含义：

其一，按需自主配置的场景化动态业务模式的建立。要实现这一目的，必然对信息通信技术提出新的要求，包括解决产业供应链互联互通的需求与供应链参与各方信息系统异构化之间的矛盾；复杂多样化业务管理需求与快速应用服务开发部署能力之间的矛盾；多样化高并发应用支持需求与资源配置之间的矛盾。

其二，末端业务自治化也需要标准化、集约化、平台化的智慧云服务。如果供应链中不同的主体、不同的环节以及不同的要素之间难以实现业务的标准化以及数据信息的整合管理，供应链金融会因为信息不对称而难以持续开展。

资金方面需要促进债项结构客观化。债项结构指的是在交易过程中所产生的债权债务关系，以及这种关系所形成的资金往来结构。具体包括两方面：第一，业务与资产真实性背景的交叉校核。第二，电子订单、电子运单、电子箱单、电子仓单、电子税票、电子提单等和物流交割与应收账款的动态匹配。这些是供应链金融的基础设施。主体信用自治化是指能够通过业务和金融活动客观反映主体信用，能够运用技术客观反映金融资产的真实信用，能够客观反映多级供应链主体信用。

现代科技的确可以提供一些解决这些问题的思路，只不过不同的科技手段发挥的作用不一样。比如，云计算、大数据可以赋能数字化征信，进而制定信贷规则。物联网、AI能做数字化的资产管理，提供数字化的资产管理的媒介和手段。区块链可以有效解决数字化风险与资金流的管理问题，也就是溯源。所以综合新技术、信息通信技术等，最后汇聚成科技使能的供应链金融。因此，谈科技的时候不能盲目地谈技术本身，而要看技术的应用是什么。

基于此，伴随着科技在供应链中的渗透，根据两个维度，产生了四种科技使能的供应链金融模式。第一维度是看科技嵌入供应链金融的是有限主体还是多主体。有限主体带来的是局部信任，多主体带来的是全局信任。第二维度是运用科技的目标：一种目标是证伪，降低信息不对称程度，即验证性功能。另一种目标是关系的重塑，重塑产业组织之间的关系体系。

四种不同类型的科技金融在供应链中的模式如图5-1所示。

第一类为效率聚焦型。这一类主体是有限主体，主要用于证伪。在这种状态下，技术的运用集中在透明化交易过程中，实现交易行为可视、交易过程可追溯。技术主要用在企业体系内或者有限的上下游范围内，趋向私有链或者局部联盟链。技术的运用具有单一化的特点，技术具有替代性，或者说不存在技术之间的交融。

第二类为效率拓展型。这类科技的运用仍然是为了实现过程的透明化、可视和可追溯，但是由于涉及多环节、多主体，因此开始运用多技

	有限主体（局部信任）	多主体（全局信任）
关系重构（关系促进）	效能聚焦型	效能拓展型
证伪功能（验证）	效率聚焦型	效率拓展型

图 5-1 四种不同类型的科技金融在供应链中的模式

术手段。这类科技的运用趋向联盟链，而不是单一的私有链和局部联盟链。由于涉及的环节复杂，所以，需要多环节、多主体布局技术，需要主体之间联合以及协调。单一技术难以支撑这一状态，与其他技术存在互补关系，如区块链与电子单证以及 IoT 等技术。例如，区块链公司矢链与物流公司宝供合作的运融链业务。当宝供接到客户的运单，会根据当地的情况把运单交付给下属公司，下属公司需要找货运公司从仓库提货并运送到目的地，完成签收。之后，再逐级向上反馈信息，最终完成支付。这个支付过程非常漫长，但是运用区块链技术后，信息的透明度提高了，支付周期从原来的 5~6 个月缩短到 1 个月之内。这是典型的科技赋能多主体开展供应链金融业务的模式。

第三类为效能聚焦型。这类科技运用的目的不仅是证伪，还在于通过预设的共识机制和交易关系建立新型合作机制，从而产生交易信任，推动新的合作模式。此类科技的运用仍然局限在一定的范围内，即局部联盟链，或者说部署的范围仍限定在一些主体、环节上。在这一状态下，需要多种技术的结合，比如云计算、先进分析等，这是因为其目的在于促进交易,因此,需要更有预见地判断交易发生的趋势,但是涉及的层级和范围相对有限。

第四类为效能拓展型。这类科技的运用主要是为了促进整个网络生态效能的提升,重塑信任和合作机制,实现各环节、各主体之间的协同合作。范围已经拓展到供应链中各直接或间接参与者,即涵盖的范围较为广泛,甚至跨链,最终实现了产业供应链竞争力。在这一状态下,需要各类技术的高度融合,包括 IoT、人工智能、先进分析等,并且为了整合各个利益相关方,要借助综合性的技术平台(SaaS, PaaS, IaaS, DaaS 等),推动供应链金融服务。目前,真正能达到这种状态的企业不多,这是未来的发展方向。例如普洛斯基于物联网、人工智能等多种技术形成普运贷、普易租等多种供应链金融服务,是这种服务类型的典型代表企业。

科技的确能够帮助解决数字信任问题,但科技不是供应链成败的关键因素。供应链金融面临六大挑战。第一,缺乏有效的供应链管理规划。第二,缺乏链上成员的合作意识。第三,缺乏链上成员信息分享的机制。第四,缺乏运用科技的知识和能力。第五,缺乏灵活应变的弹性能力。第六,缺乏资源整合能力。数字供应链金融必须应对如上挑战,找到有效的落地路径。

普洛斯金融基于金融科技的供应链金融

普洛斯金融成立于 2017 年 7 月,注册地在重庆,具有小额贷款业务牌照。普洛斯金融通过旗下物流、食品冷链、快消品、跨境、IoT 等业务场景,形成生产端、流通端、销售端、物流端到其他服务端的多款标准金融产品。物流服务领域有普运贷和普易租,跨境服务领域有跨 E 贷和跨 E 采,冷链领域有普链采,贸易领域有普链保等产品。

普洛斯金融围绕上述生态场景打造适合的金融产品，通过搭建平台，依托自主研发的准入模型、反欺诈模型、信用评级模型、风险定价模型及风险预警模型等，实现对资产的强有力把控。同时，将资产信息实施同步至区块链，防止信息被篡改，确保数据的真实性。

基于供应链上中小企业存在的痛点问题，普洛斯金融打造了基于区块链的资产证券化平台。该平台在为客户优质资产提供Pre-ABS及对SPV的放款服务中，通过数据上链，为合作资金方提供真实、优质的供应链金融资产及其他增值运营服务。当客户有意愿对其存量债权进行资产证券化的发行时，普洛斯金融利用该平台，为客户提供数据真实、资产穿透、精准的现金流分析及高效的管理平台，在资产筛选、产品设计及产品发行等各阶段，联盟链[①]的参与方将关键资产及数据写入区块链，确保投资人及合作资金方能够实时穿透底层资产。同时，客户在存续期管理时，可对贷中、贷后进行实时监控，一旦资产表现下降，普洛斯金融会提供后续催收等服务，确保客户资金的安全性。

供应链金融风险控制的核心

供应链金融风险控制（即智慧化信用建立的过程）是双维驱动，既要用科技进行主体画像，建立数字信任，也要依靠业务建立结构化信用，

---

① 普洛斯金融基于普洛斯生态圈内的企业信用信息，依托普洛斯生态圈风控体系，构建基于区块链的信用联盟。联盟链上的生态企业形成信用联盟体系，共享信用数据，并服务联盟中各个机构的需求。

如图5-2所示。结构化信用是把握业务,而数字化信用是利用科技的手段来建立信用,两者结合就形成了智慧化信用。由于目前完全的数字化还没有真正实现,是有缺陷的,单纯依靠主体画像的数字化信用存在问题,但是完全靠供应链的结构也有问题,因此需要运用新的管理原则将二者结合,缺一不可。

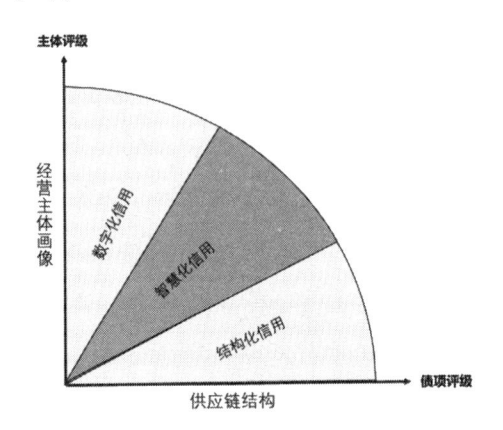

图5-2 供应链金融风险管理双维驱动

资料来源:联动数科.

供应链金融风险管理原则有6个。

(1)行为场景化。行为场景化指的是在特定的时间和特定的地点,由一组特定的主体形成特定的关系,例如,在商业领域,企业围绕用户的价值诉求,设计和开发产品和业务,通过特定的互动方式,将产品和服务传递给用户,形成相互之间融合的社群效应。为了控制信用风险,需要综合运用数据分析和信息处理,对供应链网络上下游企业结构进行刻画,从而真实地反映核心企业、借方以及相关利益方在业务场景中的位置和状态。

(2)资产穿透化。资产穿透化就是借助大数据、人工智能等手段清晰地刻画和反映供应链运营中的资产和资产的流动状态。具体来讲,对资产的把握主要是能清晰地反映资产的结构以及资产的价值状态,并且能够进行资产的细颗粒度管理。资产结构反映的是各类资产占总资产的比重，诸如不同类型的固定资产、其他资产以及流动资产投放的比例等，流动资产和固定资产的比例往往决定了企业的收益和风险。资产价值反映的是资产在交易市场的价格，它是买卖双方在公开市场竞价和交易过程中均能接受的价格水平。

（3）管理精细化。一个组织供应链运营管理的效率越高，说明其竞争力越强，可以极大降低供应链金融风险。尽管有很多方面能够体现供应链管理的水平和状况，但最为直接的指标是企业的现金流量周期（即 CCC）。目前有很多研究认为现金流量周期是反映组织供应链管理水平的重要因素。一是企业的供应链运营管理能力，即库存天数或者库存周转率。二是商业信用的体现，即应收账款的天数减去应付账款的天数，这一指标直接反映的是企业为其客户提供的信用水平。管理精细化就需要尽可能降低库存，提高库存周转率，同时缩小应收应付之间的差距。

（4）经营预警化。经营预警化是从收入自偿的角度而言的，收入自偿反映的是供应链金融中所有潜在的风险能够由未来确定的收益所覆盖。要想有预见性地判断一个企业的经营状态，需要从多方面衡量和反映其经营绩效，包括交易的历史盈利率、品类覆盖程度、利息保障倍数、进项出项的状况等以税务为基础的财务数据。

（5）信息治理化。有效的信息治理需要解决好四个问题：一是如何建立有效的信息源和信息结构。也就是说，在价值链建设的过程中，应考虑为了实现整个价值链的效率，并且为利益各方产生协同价值，需要什么样的信息？这些信息与大家共同追寻的目标是什么关系？这类信息从何而来？运用什么手段可以获得？二是如何保障信息的可靠、安全和运用。三是如何实现信息的持续与全生命周期管理，亦即信息能否持续地产生、推进和应用，并且有更多的利益相关方参与信息生成、分享的过程。四是如何实现信息获取、处理的代价或成本可控。

（6）声誉资产化。学术界从两个不同的维度对声誉进行界定：一是认为声誉是利益相关者对企业能力的认同；二是认为声誉是对企业可能性的认知。显然，这两个维度的侧重点是不一致的，前者更倾向于对企业现实的客观认知，后者是对企业行为的预测性判断。在供应链金融风险控制中，需要通过人工智能和大数据分析，充分刻画这两个构成声誉的维度。具体来讲，客观能力性的声誉刻画可以表现为银行信用、业界资质、交易性行为等，而预测性的声誉刻画可以表现为工商、税务、反洗钱等第三方数据基础上的主体画像，将两者结合起来运用能更全面地把握借方的整体信用程度。

最后，供应链金融风险管理的核心体现在如下方面。

第一，一切活动服务化，一切服务活动化。供应链金融的发展立足于产业供应链运行，只有真正地渗透到小微企业的供应链运行中去服务，才能在推动客户成功的基础上实现自身的发展，并有效地融资和控制风险。

第二，一切业务数据化，一切数据业务化。供应链金融的健康发展离不开大数据，而大数据的核心不仅在于利用各类技术获取现有的网上或其他渠道的信息或数据，更在于如何将随时随地发展的业务活动数据化，通过对数据的归集、识别、清洗、分析和挖掘，发现其中的机会，并将发现的机会更好地转化为新的业务。

第三，一切流程标准化，一切标准流程化。小微企业融资的难点之一就是小微企业的活动具有复杂性、分散性和不规则性的特点，因此，流程活动往往很难标准化，而非标准化就容易产生管理上的困难，以及较高的风险成本。如何将业务操作和管理流程标准化，并且使管理规范（及标准）真正作用于流程，就成为有效开展供应链金融的关键。

第五讲
金融科技使能供应链金融

你问我答

● **银行大面积操作供应链金融的时代什么时候会出现？**

银行大规模操作供应链金融的时代只有在它受到攻击的时候才会到来。客观上，大部分的商业银行由于风控、管理体系无法了解产业供应链的状况，比如银行在管理上要求面签，而供应链金融中不可能所有的中小微企业都来面签。但是，一些城商行，包括一些互联网银行，在解决这个问题时比较积极。因此，这需要产业和银行两方面的努力，银行需要改变某些管理体系和信息化方式，以及界定风险的维度。

第六讲

"非接触银行"服务体系构建

第六讲
"非接触银行"服务体系构建

董希淼 中关村互联网金融研究院首席研究员，招联金融首席研究员，亚洲金融合作协会智库研究员，新华社特约经济分析师，中国人民银行支付结算司外部专家，复旦大学等高校兼职教授（研究员），中国互联网协会数字金融工作委员会委员。资深金融从业者与研究者，曾任恒丰银行研究院执行院长、中国人民大学重阳金融研究院副院长、中国银行业协会行业发展研究委员会副主任。主要研究领域是金融体制改革、商业银行理论与实践。

2020年1月以来，几个新概念在中国银行业备受关注，比如"零接触银行""无接触银行""无接触服务""非接触银行"。这几个概念之间有什么联系？"非接触银行""零接触银行"与金融科技有什么关系？它们会给整个银行业带来哪些改变？

"非接触银行"产生的背景

银行业这几年新概念非常多，如网上银行、手机银行、微信银行等。自2016年开始英国推行"开放银行"。从业务层面来说，还有大零售银行、批发银行转型等。

非接触银行提出的背景是信息技术与现代通信技术的广泛应用。20世纪90年代兴起的直销银行、网络银行就是非接触银行的前身。1989年，全球第一家全功能的直销银行——FirstDirect出现，主要是以电话提供非接触银行服务。1995年，美国出现了全球第一家互联网银行——安全第一网络银行，主要是以线上方式提供非接触银行服务。1999年，我国招商银行启用"一网通"品牌，成为国内率先推出网上银行业务的银行。

被称为"银行业未来预测大师"的布莱特·金出版过三本书——《银行1.0》《银行3.0》《银行4.0》。他在《银行3.0》中提出一个著名论断——"未来的银行将不再是一个地方，而是一种行为"，预测了银行业日后的变革方向。笔者认为，银行业在渠道上沿着"砖头银行"到"鼠标银行"再到"指尖银行"的道路前行。原来银行是一个地方，是一个场所。在网上银行、手机银行、直销银行出现之前，办业务要到银行网点，这叫"砖头银行"。后来有了网上银行，在网上通过点击鼠标就可以办业务，这叫"鼠标银行"。现在用手指在手机屏幕上点击就能办理业务，这叫"指尖银行"。这是渠道层面的变迁。

现在很多银行推出5G无人网点、智慧银行旗舰店等，将很多高大上的设备摆放在网点，却无人问津。这是因为银行服务渠道已经发生深刻的变迁。"银行无人网点最大的问题就是无人。"按布莱特·金的说法，银行不再是一个地方，而是一种行为。"5G无人网点"等服务方式与客户行为变迁方式是相反的，所以注定不会成功。布莱特·金在2018年出版的《银行4.0》中进一步提出，"银行服务将无处不在，就是不在银行网点"。这个观点已在国内部分银行、部分业务中实现。比如我国三家互联网银行——微众银行、网商银行、新网银行的所有服务都不在网点办理。所以尽管布莱特·金没有直接提出非接触银行的概念，但可以认为他是非接触银行概念的开创者。

新冠肺炎疫情发生之后，国内金融与科技从业者直接提出了零接触银行、无接触银行等概念。

在意义分析上，时任新网银行董事长江海认为疫情凸显了零接触银行服务的重要性，将加速金融业去人工化、去网点化变革。新希望金融科技副总裁周旭强认为，将不确定的疫情作为重大风险决策变量的后疫情时代，零接触银行的技术变革正在呼啸而来。

第六讲　"非接触银行"服务体系构建

在发展方向上，江海认为有两个，即企业内部生产方式的去人工化、对客服务方式的零接触化。现在提及非接触银行，很多人都感觉主要集中在客户服务层面，但事实上，这要求银行内部做出深刻变化。渤海银行股份有限公司董事长秘书赵志宏提出，"银行将致力于提供嵌入生活、实时智能响应客户需求的金融服务，真正成为一种服务，而不单单是一个场所"。

在业务模式上，周旭强提出重点在零售金融业务。赵志宏认为应该搭建去中心化的智能金融价值网。

在能力建设上，周旭强认为零接触零售金融服务需要三项能力，分别是全在线营销协作能力、全在线获客能力、全在线业务处理能力。时任光大银行首席业务总监的杨兵兵特别强调："如果在线上过程中没有运用智能化等方式衍生出新的服务方式，那'零接触'就只是线上化。"

从央行到银保监会，金融管理部门对非接触、零接触的态度十分积极。中国银保监会办公厅2020年2月14日印发的《关于进一步做好疫情防控金融服务的通知》明确提出：优化丰富"非接触式服务"渠道，提供安全便捷的"在家"金融服务。这是监管部门首次提出"非接触式服务"。

零接触银行、无接触银行、非接触银行这三个概念很容易混淆。笔者认为基于互联网、手机APP、客服电话等载体提供银行服务的模式为非接触银行。这是一种服务模式，不是一个实体的银行，可以翻译成"non-contact banking"，简称"NCB"。而contactless banking主要是技术层面的非接触，比如非接触支付。NCB让客户感受到的突出变化是由面对面的服务变成屏对屏的服务，"face to face"变成"screen to screen"，通过两个屏幕就可以获取银行服务。零接触银行、无接触银行、非接触银行这三个概念中，非接触银行这个提法更准确，所谓非接触就是非物理式接触，并非没有任何接触。

"非接触银行"的落地

非接触银行概念是现在才提出来的。但是十多年来，中国银行业由电子化、线上化迈向智能化，而且做了大量工作，取得了很好的成就。这是非接触银行的基础。非接触银行是中国银行业几十年来在金融科技应用方面积累能力、搭建系统、完善服务等基础上产生的。2018年，我国手机银行的用户首次超过了网上银行用户。中国银行业协会2020年3月发布的报告显示，2019年整个银行业的离柜率达到89.77%。如果将村镇银行、农村信用社等排除在外，主流银行的离柜率普遍超过95%。

具体来说，在新冠肺炎疫情防控期间，银行的服务主要集中在四个方面。

第一是支付结算。央行采取一系列措施，支持小额支付系统放开、大额支付系统时间延长，保证了资金汇划的畅通。银行对柜面服务进行了一些梳理，为必须到柜面办理的业务提供了一些解决方案。值得关注的是，央行放开了限制，Ⅱ类银行结算账户可以代发工资。

第二是产品服务。基于非接触的服务，有了网上银行、手机银行、微信银行，基础的金融产品和服务，特别是针对个人服务的业务受到的影响非常小。很多银行创新服务方式，比如平安银行推出"在家办"服务平台，建行向客户经理推出"云工作室"。邮储银行最早推出定期存款到期自动延期服务等。很多线上理财产品、保险产品销售以及基金销售没有受到影响，因为这些服务相对比较成熟。

第三是信贷供给。银行通过专项额度、绿色通道、优惠利率等措施为服务疫情防控做了大量工作。金融科技手段的应用让很多客户在非接触状态下就可以完成信贷业务。互联网银行如微众银行、新网银行的很多业务都是线上的，所以基本不受影响。中国建设银行西藏自治区分行于 2020 年 2 月 1 日为西藏医药公司提供信贷支持，审批会就是在微信群召开的，会上完成了 1.3 亿元的额度授信。当然如果银行的线上业务没做好的话，疫情的影响就会比较明显。

亳州药都农商行在金融科技方面做得也很好，它的"金农易贷"有 95% 以上的贷款是零售贷款，信贷业务基本实现了数字化，从贷款申请到资金到账最快 3 分钟，这对一家农商行来说是不容易的。很多股份制银行运用电子签章的技术，让客户在家就可以完成合同的续贷。

第四是远程办公。上述三个方面都是产品服务，这三项服务都离不开远程办公的支持。现在很多银行通过视频会议等形式开展工作，构建了移动办公环境，保障部门、网点在非接触状态下能够高效运转，融资、汇兑渠道畅通，这是前面三项服务能够做好的基础。

一个典型的案例就是武汉众邦银行。在武汉封城的当天成立了"远程办公应急小组"，利用自身的云计算能力搭建一个全员远程办公环境，员工无论在哪里都可以接入云桌面在线办公。实力很强的银行像工行、建行利用自身的科技能力，分别开发了应急物资管理系统和智慧社区管理平台，为疫情管控提供更多帮助。

需要强调的是，这四大服务模式都是非接触的，这些非接触银行的服务是通过长期的能力积累、服务提升形成的。非接触银行不只是换个名称就可以，还需要进一步构建相对完整的体系和框架。

"非接触银行"体系构建

影响和制约非接触银行发展的因素有五个方面，一些中小银行在这些方面存在明显的不足。技术上，部分银行数字化能力不够，特别是远程协同办公能力缺失，难以支撑非接触服务。业务上，非接触服务主要集中在零售业务领域，95%的零售业务能够通过非接触的方式办理，批发业务的非接触化还需努力。制度上，当前的应急措施包括信贷业务微信审批、远程视频认证，与银行内部制度存在冲突，也不完全符合合规的要求。风险上，随着非接触服务范围的扩大，操作风险、网络风险、安全风险会加速异化。文化上，以线下网点、实体拜访为主的营销服务习惯短期内难以改变，非接触服务给企业文化和部门协同等提出了较大的挑战，最根本的挑战是组织文化上的。

2003年"非典"疫情之后，电子商务、在线游戏等产业爆发式增长。2020年的新冠肺炎疫情会让非接触银行更受关注，更受欢迎。2018年爱立信发布《零接触的客户体验》报告，指出作为运营商，提供非接触服务是相对简单的，但是银行构建非接触服务体系会很复杂。

2020年3月4日，中共中央政治局常委会召开会议，强调要把在疫情防控中催生的新型消费、升级消费培育壮大起来。就银行业来说，非接触银行服务对客户是升级的金融消费。从银行内部看，必须对包括技术、产品服务和IT架构在内的整个服务体系进行升级。具体而言，可以构建"3+3+3"的非接触银行服务体系。

首先，从三个层面构筑服务框架。在业务层构建包括零售业务、批发业务在内的全面非接触服务。现在的非接触服务主要是提供零售业务，批发业务相对占比较小。下一步重点是推动批发业务的非接触化，包括公司业务、金融市场业务等。

运营层是核心。"做强中台"的重点有三个。一是构建分布式的核心业务系统架构。现在一些中小银行的架构还是IOE架构，扩展性相对比较弱，难以支撑数字化转型。二是构筑智能化的全面风险管理系统。三是提升远程办公，实现内部协同。目前很多银行在远程办公、协同运营

第六讲
"非接触银行"服务体系构建

上有很大缺失。如果推行非接触化，可能会导致系统长期没有人维护，产品难以更新，进而导致非接触服务难以持续发展。

另外还有平台层。要践行"开放银行"理念，搭建集金融服务和非金融服务于一体的非接触银行服务生态系统。有些客户的需求不只是金融。比如，很多手机银行可以捐款、预约买口罩等。随着客户需求的多样化，如果能提供一站式服务包括非金融服务，更好地满足客户需求，会大大增加客户的黏性。特别是大中型银行需要搭建更强大的平台，朝开放银行的方向发展。

其次，要深化三项技术应用。非接触银行与金融科技密切关联，也有不同。金融科技，简单说是技术驱动的金融创新；非接触银行主要是一种服务模式。这是两者不一样的地方。但是非接触银行必须坚持金融科技的引领。金融科技 ABCD（人工智能、区块链、云计算、大数据）四大技术在非接触银行服务中非常重要，但重点在于深化三项技术的应用。第一是区块链技术。区块链技术在身份信息管理、信任机制构建，特别是小微企业信用信息链上化等方面发挥的作用更大。第二是物联网技术。随着5G时代的到来，人们进入万物互联的阶段，物联网技术将大有可为。比如通过传感器采集很多数据，实现资金、信息、实物三合一，对贷后管理风险、预警等将起到很好的作用。原来银行做供应链金融会担心下游企业的抵押品已经被转移。在非接触模式下，有物联网技术的支持，能够实时监控抵押品的状态，以达到降本增效的目的。第三是 VR/AR（虚拟现实/增强现实）。尽管现在可以在线上提供很多服务，但线上服务和线下面对面的服务还是有区别的。应用好 VR/AR 技术，可以大大改善客户的体验，缩小非接触服务与网点面对面服务的差距。

最后，有三种新的服务模式可以探索。智能客服、家居银行、供应链金融。手机银行、微信银行、网上银行这几种服务模式已经很成熟，是非接触银行的最主要渠道。智能客服、家居银行、供应链金融这三种模式可以进一步探索，未来有比较大的应用空间。智能客服以智能机器人为主，发展很快。现在银行的网络金融部下属的客户服务中心员工非常多，这部分岗位工作用智能机器人来替代空间很大。对此，银行业已经进行了很多有益的探索，比如浦发银行推出了"数字人"智能客服等。1989 年出现的 First Direct 是世界上第一家直销银行，最早使用电话提供服务。此外，充分借助电视载体，利用数字电视网络来打造家居银行也可以是探索的渠道。供应链金融是推动银行批发业务数字化的重要模式，建立场景、技术、风险、监管四位一体的数字供应链金融网络是非接触模式下需要重点探索的领域。

在此给银行业提三个建议：

第一，银行要加强重大突发事件应对能力的建设，从战略、技术、人员等方面做好准备，尤其是要提高风控能力和服务能力。新冠肺炎疫情暴发具有偶发性，但是过去几十年里重大传染病、恐怖袭击、重大自然灾害等突发事件增多。由于重大突发事件具有不确定性，因此加强应对重大突发事件的能力建设非常重要。

第二，非接触银行既是客户的需求，也是银行要推进的一项战略。新冠肺炎疫情一定程度上会改变公众的观念和行为，"排斥聚集"的心理状态会持续比较长的时间。非接触银行的服务理念和需求不会随着疫情消失而消失，反而可能会进一步固化和深化，所以银行要从战略上重视非接触服务。

第三，非接触银行服务需要坚持金融科技的引领，关键在于银行的数字化能力。银行需从理念、组织、业务、技术、数据、合作六大层面深化自身的数字化能力。银行要制定企业级的战略，加快推进数字化转型。要建设敏捷组织，培养数字化意识、人才和文化。业务上要创新产品，打造多元化渠道与风控体系。技术上要完善配套措施，促进技术应用与架构转型。数据上要加强数据治理。合作上要践行"开放银行"

理念。

给金融管理部门提三个建议：

第一，积极稳妥推进远程开户试点。远程开户关注的重点是个人的Ⅰ类银行结算账户远程开户。在远程开户试点的基础上放开，选择一部分银行特别是一些中小银行开展试点，允许线上开立Ⅰ类账户，可用远程视频来进行核验。如果可靠性、安全性得到验证，可以逐步推广。Ⅰ类账户远程开户的核心是要完善互联网客户多元化身份认证体系。除Ⅰ类账户之外，要解决Ⅱ类账户的要素验证等问题。央行放开Ⅱ类户和Ⅲ类户的在线开立是一个很大的进步，给直销银行、手机银行带来了很大的发展契机。然而Ⅱ类账户的四要素、五要素验证还存在一些问题。针对信用卡面签，可以探索能否用视频来代替。

第二，推广互联网银行、网络贷款模式。我国互联网银行的创新对整个行业是有意义的。从微众银行、网商银行、新网银行，到百信银行，再到众邦银行，应该对这些互联网银行在业务模式、经营管理等方面的探索给予更多的鼓励，可以专门出台鼓励互联网银行发展的政策。对主流银行，要鼓励扩大在线信贷业务，加快发放中小企业与个人客户的在线贷款，提高首贷率、续贷率。首贷率非常重要，这是"最先一公里"，与缓解融资难、融资贵要解决的"最后一公里"相比，更重要的是"最先一公里"，即首贷问题。

加快破解中小企业融资的"最先一公里"

2018年11月1日，习近平总书记在民营企业座谈会上强调，要优先解决民营企业特别是中小企业融资难甚至融不到资问题，同时逐步降低融资成本。一年多来，针对中小企业融资难、融资贵、融资慢现象，相关部门和金融机构采取了一系列措施，取得了明显成效。当前的工作较多针对中小企业融资"最后一公里"问题，如续贷问题。其实更为重要的是"最先一公里"问题，应采取切实措施进行破解。

2019年以来，中国人民银行和金融监管部门在解决续贷问题上进行了多次部署。如2019年2月，中国银保监会在《关于进一步加强金融服务民营企业有关工作的通知》中强调：加大续贷支持力度，要至少提前1个月主动对接续贷需求，切实降低民营企业贷款周转成本。2019年3月，中国银保监会在《关于2019年进一步提升小微企业金融服务质效的通知》中要求：合理提高续贷业务在小微企业贷款中的比重。部分地区如北京市，还专门成立企业续贷受理中心等机构。这些措施都有助于缓解中小企业融资困难。

但更为迫切的"最先一公里"问题，即中小企业首贷问题，还没有得到应有的重视。首贷是指在中国人民银行征信报告中无贷款记录的企业首次从银行业金融机构获得贷款。截至2018年年末，我国约有小微企业3 000万户、个体工商户7 300万户。而从银行获得贷款的约为1 800万户，仅占17.5%。也就是说，超过80%的小微企业（个体工商户）未从银行体系获得贷款。

首贷为什么会成为一个难题？主要是因为存在双向信息不对称现象。信息经济学认为，信息不对称造成了市场交易双方的利益失衡，影响了社会的公平、公正原则以及市场配置资源的效率。目前，我国产业环境、征信服务与担保体系等不完善，金融服务供给者与需求者之间难以形成有效沟通。特别是在商业银行与中小企业之间，信息不对称现象更为突出：一方面，银行难以收集和甄别中小企业有效信息并据此进行信贷决策；另一方面，中小企业未全面了解银行产品和服务，难以迈出建立银企关系的第一步。

从实践层面来看，金融监管部门鲜有政策文件对首贷进行部署，提出要求；财政政策、货币政策等并未对首贷进行有效的激励。商业银行缺乏专门的首贷机制安排，包括授信政策、信贷计划等，也未开发有针对性的产品和服务。一般而言，获取新客户的成本显著高于维护老客户的成本。在经济下行周期，银行基层机构和员工对拓展新的中小企业客户缺乏积极性。

首贷是企业从金融机构融资的起点。有关数据显示，中小企业获得首次贷款后，后续再获得贷款的可能性将大幅提高，而且贷款利率有望下行，贷款速度也将加快。因此，首贷难问题是中小企业融资困境的"最先一公里"。缓解中小企业融资困境，重点和难点之一是破解首贷难问题。部分地区在这方面进行了探索和实践，取得了较好效果。如浙江银保监局近年来针对首贷企业"缺信息、缺渠道""征信少、评估难""程序繁、审批长""担保弱、风险高"等问题，多措并举破解小微企业首贷难；人民银行济南分行2019年4月开始在山东省开展"中小企业首贷培植行动"，培植后中小企业贷款获得率达88%，三季度贷款利率较前三季度平均利率下降0.15个百分点；10月，人民银行南宁中心支行联合广西银保监局，推出广西壮族自治区"民微首贷"提升计划。

部分地区先行先试，为破解中小企业首贷难问题积累了宝贵经验。下一步，应疏堵并举，标本兼治，在全国范围内积极破解首贷难问题。具体而言，有七个方面的建议：

第一，重视首贷难题。中小企业贷款难，首先在"首贷难"。要坚持首贷、续贷两手抓，将破解首贷难问题作为支持中小企业发展的重要抓手，花大力气从体制机制、基础设施、产品服务、考核激励等方面采取针对性措施。人民银行和银保监会可出台专门文件，对首贷工作进行部署和安排，引导金融机构加大对首贷的支持服务。

第二，做好制度安排。银保监会可优化"两增"考核体系，将首贷作为单列指标纳入小微金融服务考核；建立月度统计通报制度，加强对首贷投放的监测和指导。同时，放宽对首贷利率和不良贷款率的要求，更好地发挥市场机制作用。商业银行应对首贷有关的信贷准入和审批制度进行修订和完善。此外，财政部门可对企业首贷利息进行补贴。

第三，建好信息平台。打破各政府部门"信息孤岛"，整合市场监管、税务、海关等部门信息，搭建全国统一的信用信息共享平台，免费提供给银行使用，破解银企信息不对称问题。鼓励有条件的地方建设地区性金融服务信用信息平台，选择合适方式对接全国性平台。同时，发挥征信机构如百行征信的作用，探索推出中小企业征信报告。

第四，创新服务模式。在加强风险防范的前提下，探索和推广互联网银行、互联网贷款模式，鼓励微众银行、新网银行等民营银行加快产品创新，加大中小企业贷款投放。通过设立中小企业信用保证基金、创新融资担保方式等，破解担保和增信难等问题。运用金融科技手段，提升首贷的风控能力和效率，使首贷更具商业可持续性。

第五，改进产品服务。商业银行应制定首贷投放计划，对信贷规模、内部资金转移价格等进行专门安排。主动破解信息不对称，加大行内数据整合应用，并对接支付类数据、政务类数据、商务类数据等"替代性数据"，研发针对性产品。升级信贷管理系统，搭建中小企业专门的授信模型，使首贷流程更简化、放款更快捷、还款更灵活。

第六，加大正向激励。对首贷比例较高的银行，人民银行在存款准备金率方面给予优惠，在再贷款、再贴现等方面给予优先支持；银保监会放宽小微金融服务等考核要求，创造"愿贷""敢贷"的政策环境。同时，商业银行应进一步细化并落实好容错纠错和尽职免责等措施，提高首贷不良率容忍度，鼓励基层机构和客户经理积极发放首贷。

第七，加强企业培训。加强对中小企业主及财务人员的走访、培训，增进银企沟通，普及金融知识，推介产品服务，解决企业对银行产品与服务的信息不对称问题，提高首贷供需匹配的精准度。此外，还应加强中小企业基础管理素质教育与培训，更好服务中小企业转型升级和高质量发展，不断提高企业经营管理水平。

另外，要制定互联网贷款管理办法[①]。互联网贷款管理办法的出台应该实事求是，多方听取意见，既要加强监管，也要保护银行业良性创新。对联合贷款等业务要实行差异化监管，对互联网银行可以采取一定的豁免措施。

截至2019年年底，新加坡批了几张"数字银行"牌照，而我国直销银行牌照只批了一张，建议进一步放开直销银行牌照申请。我国香港地区的虚拟银行牌照批了八张。全国有140多家银行推出直销银行服务，但是独立法人的直销银行只有2018年1月18日开业的百信银行一家。非接触银行现在主要是一种服务模式，互联网银行、直销银行作为践行非接触银行的法人机构，应推动其快速发展。

第三，打造全国统一的信用信息共享平台。现在政府部门之间的"信息孤岛"问题比较严重，海关、市场监管、税务、民政部门的信息未能打通。互联网公司要基于市场化的规则推动开放数据，一起打造全国统一的信用信息共享平台。目前很多地方拥有区域性的金融服务信息平台，比如江苏苏州、浙江台州等地。信息平台建设比较好的地方，其小微金融服务往往也做得比较好，中小企业融资难、融资贵的问题得到有

---

① 2020年7月，银保监会正式发布《商业银行互联网贷款管理暂行办法》，共7章70条，分别为总则、风险管理体系、风险数据和风险模型管理、信息科技风险管理、贷款合作管理、监督管理和附则。

效缓解。此外，应发挥百行征信的作用，丰富信用报告类型，探索推出民营企业和小微企业的信用报告。加强信息保护立法，将信息保护的部门规章上升到法律层面，既要保护客户的隐私，也要推进个人信息的合法收集使用。

最后，监管部门要增进与法院、公安部门的协同，进一步加强电子凭证、电子签章合规性、合法性的确认。反洗钱、监管检查以及审计工作的纸质材料"留痕"制度要求也应该进行调整。

总之，要构建一个可信的非接触银行发展环境。监管部门要用监管科技来加强和改进对非接触银行服务的监管。

你问我答

● **非接触银行与银行科技是什么关系？**

从概念本身来讲，它们之间的区别是：金融科技是技术驱动的金融创新。非接触银行至少在目前主要是一种服务模式，不通过物理接触方式而主要基于互联网、手机 APP、客服电话来提供服务。非接触银行服务体系的构建、深化，要坚持金融科技的引领，主要依赖科技能力。非接触银行需要有分布式的核心系统架构、智能化的全面风险管理体系、强大的远程协同办公能力，实现这些目标的基础都是科技。

● **中小银行是否有必要构建非接触银行体系？**

中小银行需要基于自身的资源禀赋构建非接触银行体系，提供与大行差异化竞争的非接触银行服务。第一，可以成为大行或者互联网等生态里的一分子，加强跟外部金融科技公司合作，积极参与非接触银行体系的构建。比如，这两年很多中小银行与互联网银行做联合贷款，可以继续深化。第二，突出差异化。对很多城商行、农商行来说，本地化的优势要凸显，可以把本地化服务搬到线上，做深、做精。

第七讲

精准保险与保险科技

第七讲
精准保险与保险科技

左春 中关村金融科技产业发展联盟副理事长,中科软科技股份有限公司董事长兼总裁,中科院软件研究所研究员。获国务院政府特殊津贴,荣获国家科学技术进步二等奖、北京市科学技术一等奖等。承担的重大项目包括国家"十五"科技攻关项目、国家"863计划"项目、国家发改委高技术产业发展项目、核高基重大专项、北京市科技计划项目等。主持开发的"保险业务综合管理信息系统"系列软件产品目前已经推广到全国一半以上保险公司,并取得了显著的经济效益和社会效益。

随着互联网技术的迅猛发展,在以保险为代表的重点行业领域,业务形态发生了巨大的变化。未来,领域融合会发展迅猛,如"保险+",保险与其他领域的融合会进一步加深,保险将赋能各行业。如飞机延误险,过去也有延误险,但现在的延误险已达到一下飞机马上就可以理赔的服务水平,这需要通过保险科技实现。保险科技还有很多案例,如农业保险,过去可能要去地头勘察,现在可以基于气象指数直接赔付。所以,保险科技在整个金融行业是最容易覆盖的。从监管角度出发,金融是一个被监管的行业,进行代理或者收取保费时,相关数据必须和保险公司的后端系统衔接,这就需要使用技术手段进行对接,因此形成了"保险+"的巨大空间。

精准保险与保险科技的关系

保险科技是一个宏大的主题。保险企业有内部系统和外部系统两部分。以往保险企业的信息系统建设大部分集中在内部。保险科技发展是一个由内部系统衍生并向外部系统发展的过程。保险企业要想适应保险科技的环境，走出一条自己发展的道路，就需要做到"内部"和"外部"双关注。

保险科技和"保险＋"已是人们耳熟能详的概念。"精准保险"的定义与保险科技、"保险＋"有部分重叠，其独有特征如下：

- 精准保险是客户需求、客户自身状况与保险产品的精准匹配。
- 精准保险是区域性群体发生的财产和生命风险与保险产品的精准匹配，可以根据环境因素大幅突破传统保险的保障范围。
- 精准保险是运用新技术成本低、高频度网络交易、嵌入其他场景、快速承保和快速赔付的新形态保险产品。
- 精准保险是采用新监测技术、新渠道方式、精准计算方式的保险业数字化转型。
- 精准保险是运用新信息技术、给予主动式保障的传统防灾减损服务的新形态保险产品。

保险科技的上一轮竞争焦点主要在渠道，特别是一些大的电商入口。接下来，保险科技的新一轮竞争焦点应该是产品。现在的保险产品比较简易、快捷；未来的保险产品会非常丰富，其保障范围将远远超过传统保险产品。要想赢得新一轮竞争，需要做很多工作，实现保险产品与客户现状的匹配，实现精准保险。

精准保险应关注环境因素和地域差异。在新一轮的保险市场竞争中，地域性特征是产品设计的关键。比如在设计人寿险产品时，如果保险公司发现某个地区的居民由于地域性的饮食习惯容易得相似的病，那么产品设计的保障条款就应该基于这种地域性的疾病。再比如在财产险领域，不同地区的交通情况、建筑结构不同，出险也有地域性特征。这就提出了一个新的要求——保险公司是否有能力推出具有地域差异性的保险产品，而不是像以往那样，只做总公司统一发布的产品。这是考验企业信息技术能力的关键，也是精准保险的精髓。

除地域性特征之外，精准保险必须继承当前保险科技的主要成果。从现有互联网入口引发的保险产品中能看到精准保险的一些特点，如高频、嵌入场景、快速承保、快速理赔等。此外，精准保险需要低成本的高技术手段做支撑。很多新的保险公司在成立的时候虽然没有包袱，但是技术投入很多，需要低成本地运营、配置服务，或者与合作伙伴进行合作。

精准保险要符合新的合规要求。当保险公司采用电子渠道形成业务时，需要快速和后端系统（即"核心业务系统"）进行衔接。鉴于监管的要求，产生于双模/双核中前端快捷系统的高频数据需快速回到后端。在满足这些要求的同时降低整体成本，需要的是对技术手段的成熟应用，以及对领域知识的充分熟悉。

精准保险还体现出主动式保障的特征。主动式保障倾向于事前预防而非事后弥补。这与传统保险的防灾减损和健康维护的特征很相近，在保险产品里有很多体现。比如医疗健康保险，只要满足某种健康要求，相应的保障范围就扩大了。另一个例子是建筑物保险，虽然保费相对比较低，但是有大量的专业顾问帮助客户做风险控制，通过风险顾问来减少建筑物遭受风险的概率。保险公司把要赔的钱用于防灾减损工作，这就是主动式保障。

保险从大的方向可分为财险和寿险，各自又有新的领域融合。在这种融合的趋势下，新的精准保险产品设计需要考虑客户自身情况、环境特征和防灾减损等因素。

精准保险的必要性

精准保险的提出源于对行业发展的考虑。

由于监管的需要，保险企业要做到"数据流""资金流""单证流"三合一。保险属于金融行业，是严监管的行业。监管要求电子交易数据返回，这对保险企业前端系统和后端系统的衔接是一种考验。精准保险技术体系考虑了系统间的衔接，相应的工程经验储备能支撑保险企业应对这些考验。

此外，由于大的电商成为流量入口，保险企业有被大渠道边缘化的趋势，同时，产品形态趋同不利于客户的选择。比如，保险公司与某个网上订票公司合作，渠道入口的议价能力变强，而保险公司的议价能力很弱。几家保险公司去竞争，导致大量的钱留给渠道。有时，大的渠道商具有垄断地位，这种垄断导致相关保险产品趋同。保险公司不满足于渠道入口被垄断，需要做精准保险产品衍生。简单地说，就是从个险到团险，从保单格式化到保单定制化，即从侧重2C的简单形态向侧重2B的复杂形态转化。

个险的结构比较简单，团险的结构比较复杂。这里提到的团险不仅仅是传统意义上的团险，像拼多多这一类团购，我们也将其看成团险的范围。设计团险的要点之一是形成"批发价"。未来商业的一个重点就体现在零售和批发的差异上，这也是中科软之所以要做规模的原因。你有了规模，客户和合作伙伴才愿意跟你合作。

保险也是同样的道理。当小公司和大公司竞争个险产品的时候，小公司由于没有规模，在保障范围或者定价上是吃亏的，所以，为了突出个性化和差异化，就得往2B方向发展，或者朝批发方向发展。当小企业朝批发方向发展时，它的空间就大了。总之，与2C强者竞争，必须要有个性化（关键是地域性、批发性）的产品。

如果保险公司想做批发，就要有一些渠道伙伴。比如，如果新兴的保险公司想要研发生僻的险种，就需要在某个领域找合作伙伴，形成一个批发价格。很多人说，BAT（百度、阿巴里里、腾讯）在许多2C领域形成了垄断，但是 BAT 实际上不倾向于需要很多特定领域知识的方向。因为如果有较高的知识门槛，就需要投入很多资源，反而不利于公司的发展。而一些传统的或者弱势的保险公司，以及中科软这样的 2B 服务企业，恰恰愿意用领域知识形成特征，然后与大公司合作。

所以，未来保险企业的生存法则是这样的：每一家保险公司由于股东背景、地域性等特征，都可以推出差异化产品。客户最终会选择这种差异化产品，因为他们觉得"这种差异化产品符合自己的胃口"。

保险公司的核心能力包括产品和渠道。实际上，保险公司应该从电子渠道向产品个性化发展。未来，在这个方向上，保险公司无论大小都有空间。企业要根据不同的体量制定不同的策略。

精准保险的实现

传统的保险公司有一个核心业务系统群。核心系统演化的过程类似银行系统演化的过程。在我国金融领域，银行是老大，所以银行的很多模式保险公司需要对标参考。多年前，银行的系统推"大集中"，之后推"大前置"。银行机构是分层级的，不同层级的信息系统存储的数据不同。总部管理全国的系统，省/市机构和区域机构因中间业务的存在，需要建设外挂系统存储相关数据，由于统一系统的标准要求，外挂系统不能独立，因此涉及平衡问题。这类似于保险系统的"小核心、大外围"。保险公司在新一轮竞争中，一定会走银行这条老路，即在统一保险核心业务系统的基础上做外挂软件。外挂软件在不同的保险公司叫法不同，也可能叫做前置软件，但本质是一样的，存储的是当地的数据。

未来，保险公司一定是在地域内做外挂规划。地域化也包括行业分类，只是地域因素更为突出。核心系统和外挂系统之间的平衡是规划的重点，太过统一或者太过"百花齐放"都不利于发展。哪家保险公司的信息系统能做好这个平衡，它就具有竞争优势。在这个基础上，保险公司再和各种渠道去对接。这是一个分步骤、有层次地实现精准保险的过程，不可能总公司做一套系统就包括所有精准保险的内容。

图7-1是保险企业总部、省/市机构和区域机构的关系示意图。

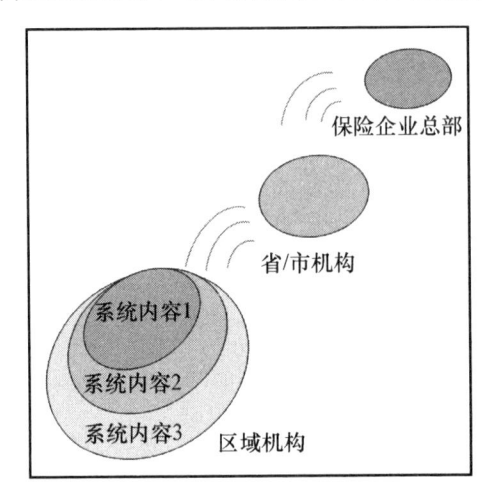

图7-1 关系示意图

资料来源：中科软.

系统内容1：以保险企业原有的核心系统群为主体，相对的统一版本。

系统内容2：保险企业按地域特征形成的外挂系统，包括当地的辅助数据，要有统一的管理规范。

系统内容3：各种新兴的电子渠道系统以及相关的接口系统，与系统内容2中的数据是互补的。

在这个过程中可以看到，新兴的创业渠道公司也会遇到困难。当一个创业渠道公司没有形成对该领域内部核心系统的理解时，要想去补相关工作，成本就会出现问题。所以，这是一个相互依赖的系统群，单一系统到最后都会面临集成成本的问题。很多人强调管理，实际上，"管理"是一个中性词，可能带来绩效改进，也可能造成成本大幅上升，所以管理是一把双刃剑。管理的要点在于平衡，一种成本和效率的平衡。

当前，银行业做了分布式架构系统。分布式架构系统对保险业而言也是必需的，简单理解就是学习云计算成果，去掉大型计算机、大型数据库，在减少保险公司相关基础硬件和系统软件投入的基础上，解决碎片化、弹性化等问题。所有的分布式架构都是有条件地涉及特定场景需求，需要工程经验和技术辅导。

从业务类型来看，金融分为银行、保险、证券，保险有其独特的发展潜力。保险在渗透到其他行业中时，形式会非常丰富，这意味着巨大的空间。所以，在保险行业及"保险＋"涉及的行业，无论是哪一方，都有巨大的想象空间和发展空间，当然也包括当前热议的金融安全。

传统保险的渠道以销售人员为主，新的电子化集成渠道是精准的保险产品加上精准的跟踪服务，从而服务精准分类的客户群体。在业务发展的过程中，保险企业逐渐形成核心系统群和外挂系统、电子渠道系统、接口系统之间的平衡，形成统一的管理规范。这是保险区别于银行和证券的独特方式，支撑保险领域成为金融安全的重要抓手。

数据融合与精准保险

保险业传统应用软件的数据主要是结构化的。从业务角度看，原来的业务管理通过表单（表格）进行，一个业务单位里有大量的表单，表单是结构化数据。结构化数据有一些推断的功能，结构和结构之间有共同的属性，通过共同属性可以进行推断。通过表单可以做很多管理工作，比如汇总、计算等。

随着业务发展的变化，这些格式化的信息越来越丰富，变成多信源的体系，包括声音、图片、图像等。例如，车险理赔可能会涉及一些照片或者录像。这些都会变成需要采集的内容。在身份识别过程中，由只看身份证到"身份证＋照片"，再到"身份证＋照片＋一段录像"。可见，业务不只是表单格式，而是多种格式的信息源。信息处理的焦点逐渐丰富，扩展到通过人脸识别和声音识别得到的图片或者声音。

保险业的合同管理效率越来越高，业务处理速度越来越快，可以提供更高频次、更高质量的服务。这对系统同时处理大量的业务、系统并发性、信息知识的转换提出更高的要求，比如，需要从一段保单表述、一份赔款计算书中提取相应的信息进行加工，这就是信息管理。各行各业都在这个方向上进行扩展，不限于保险。

在业务中，保险公司越来越需要通过各种数据进行风险控制，通过人员关系查找存在的问题。如在保险案例中可以采用图像、声纹等特征信息数据，通过人工智能确定一个人的身份，还可对个人和相关人员的关系进行查询，降低欺诈风险。

在保险领域，反欺诈、客户营销、流程管理等场景都需要数据融合的支撑。"保险＋"和经营活动有关，由于它提供风险转移，所以说它无处不在。举个最简单的例子，所有电商都在卖保险，而且保险种类很多，比如破碎险、退货险等，这些保险都是保险公司通过技术手段叠加进去的，而且越做越快。过去，保险理赔需要核保。现在很多都不核保了，比如车险，200元以下可以直接赔付，虽有诈骗风险，但用户体验特别好。对于一个人来讲，骗一次保只得200元钱可能会心有不甘，因此他可能会伪装多次进行骗保，形成一个欺诈环。这时，保险公司就会通过技术手段发现其中的问题，通过图数据库关系挖掘将诈骗者找出来，这是一种保险的新技术，即通过更精准的方式为需要保险的人提供个性化服务。图7-2是一个数据库行业应用管理模型。从这个意义上讲，保险是一个将风险转移的金融工具,会有巨大的市场空间。"保险+"的特征实际上是技术特征,即代替人工,把传统销售渠道中那些人为因素全部换成技术手段,而这些技术手段是有成本的。

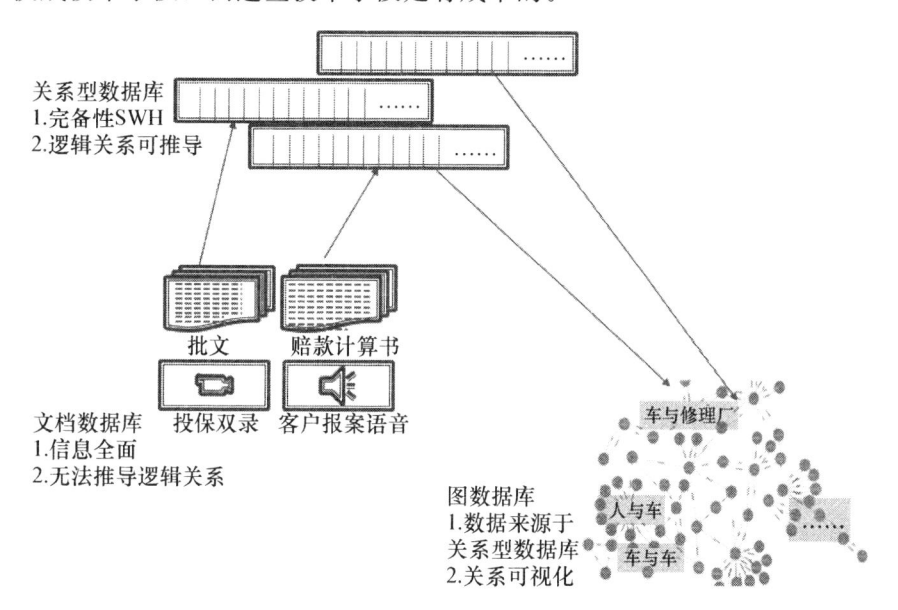

图 7-2 数据库行业应用管理模型

资料来源:中科软.

未来,数据融合可支撑精准保险的发展。精准保险预示了保险业的未来,体现了保险科技的精髓,强调客户需求和保险产品之间的精准匹配。此外,精准保险还具备高频、场景嵌入、主动式保障等特征。

- 高频是指加大交互频度。保险机构需要采用新技术,实现保险产品在网络交易情况下的高速、高频嵌入。传统的保险产品使保险机构与客户之间的交互频度很低,但未来交互的频度会提高,这是竞争的要点。频度越高,表示产品方、企业方对客户的控制力越强,客户黏性也就越大。

- 场景嵌入是指在具体场景中嵌入保险产品。客户在网购、买机票/火车票等日常生活场景中，会购买一些保险产品（运费险、飞机延误险等），这些保险产品具备碎片化、快速理赔的特点，在理赔流程中省却了很多手续上的麻烦。

● 主动式保障强调预防。传统的保险产品是通过保险大数据精算推出的，大量聚焦于事后弥补；精准保险强调预防，变被动为主动。

精准保险要渗透到各行各业。从目前来看，各行各业的数字化变革都配套金融服务，保险在金融服务中占据了很大一部分。金融科技公司的竞争力体现在实现金融信息化变革的能力上。企业从事保险机构或金融机构内部核心业务系统等软件的开发，在此过程中积累领域知识，做到技术积累和领域积累双管齐下，才能获得该能力。各行各业都有自己的软件系统，即管理系统，其中与业务关联度高的叫核心业务系统。这些系统是分层的，越底层越通用，越上层越面向应用，中间是一些组件。未来行业的交叉实际上是系统的相互嵌入。如果想进入金融科技的场景，从业者不但要熟悉技术，还要熟悉金融场景和现实场景，以及它们之间的融合。企业都在拼低成本、高效率，因此，有"存量"业务能力的团队会占有优势。

保险行业的新趋势

精准保险是保险行业内部管理系统群的外部延伸，以精准服务为特征。保险业务系统正在从内部转向外部。所谓科技赋能，主要是指"向外"赋能，因为纯粹的内部系统不容易达到较高的服务标准，"向外"是科技赋能的方向。在这个过程中，保险公司的产品设计需要从2C转向2B，即从零售到批发、从标准化到个性化。

保险行业应用软件系统群是保险科技的重要支撑体系，新一代的

"内部/外挂"一体化软件系统以及外部对接系统将成为发展趋势。

在保险科技和"保险+"的带动下,新一轮地域性产品将成为业务发展方向,信息系统的集成是实现的重点。

保险行业新技术应用和业务创新是主趋势,在保险科技和精准保险的推动下,每一个保险企业都面临着挑战和机遇,在这个过程中,信息技术及相关部门可以起到前所未有的作用。事实上,信息技术部的管理者需要将技术与业务深入结合,业务部需要快速学习新的信息技术,所以这是一个交叉的需求。这要求人们学习不限于保险的新的领域知识,也考验人们快速学习的能力。保险有了领域融合和数据融合的支撑,在流程优化、客户服务、产品设计等方面会更加开放和创新,会为客户带来更加精准优质的服务,提升客户满意度。

你问我答

● **数据融合如何赋能中台模式变革?**

中台具有管理特征,从数据仓库角度看,是一个特定的数据集市,是针对某一类应用做的数据架构。传统的数据仓库、数据集市只处理结构化数据,现在的数据集市可以处理非结构化数据。数据中台扩展了传统数据集市的非结构化部分。

● **精准保险未来的走向如何?**

(1)"互联网+"推动各行业信息化转型,保险科技是转型的重要组成部分。(2)保险科技是嵌入各行业的先锋,并以精准保险为最新趋势,行业需要精准"思维"以提高服务质量和效率。(3)人工智能、大数据、物联网、云计算、区块链是主要技术手段,这些技术手段带来了业务变革。(4)金融安全和监管是未来发展的重头戏。(5)风险投资(人才聚集)和行业转型催生的新创企业充满活力。

第八讲

金融科技与科技金融融合

第八讲
金融科技与科技金融融合

刘勇 中关村互联网金融研究院院长，中关村金融科技产业发展联盟秘书长，中国互联网金融三十人论坛（CIF 30）秘书长，中国互联网金融协会统计委员会委员，中国人民大学、北京国家会计学院等院校校外导师和客座教授，国培机构董事长。主持和参与多项金融科技与互联网金融课题研究工作，如《北京市促进金融科技发展规划（2018年—2022年）》《中国金融科技运行报告（2020）》等。著有《开放银行》《智能投顾》《区块链：重塑经济与世界》《互联网金融》等图书，曾被评为中信出版集团年度最佳作者，荣获第二届金融图书"金羊奖"、中国人民银行2019年金融科技研究课题一等奖。

科技创新战略是提高我国综合国力的基本战略，金融科技与科技金融融合发展可以加大我国科技创新力度，提升我国科技综合实力。从金融科技供给方来说，加强金融与科技的深度融合，更好地发挥金融科技助力科技金融的作用，是增强金融服务实体经济能力、防控金融风险、深化金融供给侧结构性改革的重要方向。从科创企业需求方来说，科创企业是创新的主体，做好科创企业的金融服务工作，是实现金融与实体经济良性循环的重要内容。

金融科技与科技金融融合发展逻辑

2018年10月北京市发布的《北京市促进金融科技发展规划（2018年—2022年）》中提出，金融科技强调金融和科技的结合，是指新技术带来的金融创新，落脚点在科技，它能创造新的业务模式、应用、流程或产品，从而对金融市场、金融机构或金融服务的提供方式造成重大影响。科技金融是通过创新财政科技投入方式,引导和促进银行业、证券业、保险业金融机构及创业投资等各类资本,创新金融产品,改进服务模式,搭建服务平台,实现科技创新链条与金融资本链条的有机结合,为初创期到成熟期各发展阶段的科技企业提供融资支持和金融服务的一系列政策和制度的系统安排[①]。2012 年,国家发改委、科技部、财政部、人民银行、税务总局、银监会、证监会、保监会、外汇局与北京市人民政府联合发布了《关于中关村国家自主创新示范区建设国家科技金融创新中心的意见》,提出到 2020 年,实现科技创新和金融创新紧密结合,把中关村建设成为与具有全球影响力的科技创新中心地位相适应的国家科技金融创新中心。

囿于科技中小微企业自身发展存在正外部性、不确定性等产业属性,科技中小微企业的融资需求与融资供给存在多方面错配。与一般企业相比,科技中小微企业融资难、融资贵问题可能更加突出。首先,金融科技是以互联网为依托开展的金融业务,在此基础上,金融产品或服务的发行和交易均在网上进行,降低了金融产品及服务的成本。其次,金融科技依靠大数据、人工智能、区块链等技术手段,不仅使整个金融体系效率大大提升,而且通过数据挖掘和分析解决了传统金融业信息不对称的问题。因此,除做好政策引导和制度安排外,运用金融科技手段,合理有效发挥其线上化、数字化、场景化属性,可能对缓解科技中小微企业融资难、融资贵问题有所裨益。

金融科技助力科技金融的特点主要体现在三个方面:一是线上化。机器代替人工,线上代替线下,实现了金融服务成本大幅降低。二是数字化。多维度、动态化解决信息不对称问题,实现了风险控制能力的提升。三是场景化。基于供应链金融,对企业物流、资金流和信息流全流

---

① 2011 年科技部发布了《国家"十二五"科学和技术发展规划》。

程监控，实现了金融产品与场景的紧密融合。

总体来看，金融科技的发展会推动科技金融服务业务线上化、智能化，优化场景应用。科技金融的发展会为金融科技发展提供资本支持。二者可以相互赋能，以"金融＋技术"新动能新模式互补互促，最终形成发展闭环。

金融科技与科技金融融合发展形势

金融科技赋能科技金融新路径不断丰富

金融科技以科技服务金融，对金融业的业务流程、产品设计、组织体系等发挥着重要作用。在金融科技的不断赋能下，科技金融摆脱了以往低效率的发展模式，走出了一条技术驱动、业务智能、服务精准的新道路。在客户服务方面，金融科技赋能银行等科技金融机构提供"非接触服务"，丰富了可智能响应科技中小微企业需求的金融服务场景，为客户实时获取金融服务提供了极大方便；在风险控制方面，金融科技打破了传统风控的边界，通过多维度的数据分析建立信用模型，实现了风控体系从抵质押物驱动向数据驱动的变迁，提高了科技金融风控的触角和效率；在产品创新方面，金融科技加速了科技金融产品创新的步伐，通过对客户需求的分析实现了个性化产品定制，基于对信息的深度挖掘提高了金融产品的智能化程度。借助金融科技，特色小微信贷产品、场景保险等普惠金融产品得到了快速发展。

科技金融服务科技中小微企业新模式加速落地

科技金融以金融服务科技，为科技企业的发展提供贷款、投资、保险、证券等多种渠道的金融服务，涌现出许多新模式、新经验。通过"科技金融＋产业链"，围绕产业链的核心企业，通过全方位获取供应链上的各类信息，管理上下游中小企业的资金流和物流，把单个企业的不可控风险转变为供应链企业整体的可控风险，提高为科技中小微企业提供金融服务的效率；通过"科技金融＋投贷联动"，用投资收益抵补信贷风险，既满足了科技中小微企业在创业初期的融资需求，又符合商业银行对风险把控的要求，实现商业银行对科技中小微企业信贷风险和收益的匹配；通过"科技金融＋信用评价"，银行通过改革传统的资信评价体系，针对科技中小微企业无形资产居多的特点，增加企业创新能力为核心指标，专门为科技中小微企业建立了信贷审批授权专属流程和信用评价模型，探索出一系列新机制、新方法。

金融科技赋能金融服务科技中小微企业融资新技术持续创新

多层次、多渠道科技金融发展模式正在逐步成型，科技中小微企业融资环境逐步优化。与此同时，科技中小微企业依然存在融资难、融资贵等问题。中国人民银行于2019年8月发布的《金融科技（FinTech）发展规划（2019—2021年）》提出，合理运用金融科技手段丰富服务渠道、完善产品供给、降低服务成本、优化融资服务，提升金融服务质量与效率。在信息技术不断发展的背景下，充分发挥金融科技的力量，运用新技术解决科技中小微企业融资难、融资贵问题是科技金融发展的必然趋势。区块链技术的"确权"和"增信"属性，可将核心企业信用传递至末端供应链，实现产业链上数字资产的可移动、可保证、可追溯，降低基于产业链的科技中小微企业的融资风险。运用大数据技术，一方面，科技金融机构可以将来自多种渠道的数据进行链接和整合，综合反映科技中小微企业的经营成果、发展状况等；另一方面，可助力科技金融机构在流程自动化、业务标准化等方面实现内部智能化管理。通过外部数据整合和内部数字化升级,科技金融机构可开发更多场景,下沉信贷服务的客户群体,全面提升科技中小微企业融资业务的风控能力、服务能力和盈利能力。

海外融资模式

目前,大多数国家对于科技中小微企业的支持依然局限在以财政政策、税收政策为基础,扩展科技金融渠道等方面,但是以色列、美国、英国已经开始利用金融科技赋能科技金融服务科技中小微企业,并取得了一定成果。总体来看,这些国家的金融科技模式主要采用生态化、体系化发展思路。

以色列——强化金融科技赋能效果打造政企创新生态

以色列是世界知名的科技创新中心和全球高新技术重要来源地之一,享有"中东硅谷""创业国度"等美誉。根据以色列风险投资研究中心与ZAG-S&W律师事务所的统计,2019年以色列高科技企业融资总额达83亿美元,比2018年增长30%,再创历史新高。风险投资继续成为以色列高科技企业的重要融资渠道,2019年以色列高科技企业共筹集64亿美元风险投资资金,同比增长35%。借助金融科技技术实现精准投资、项目决策的科技金融在其中发挥了重要作用。

● 政府主导推动金融科技底层技术,提升科创决策能力。以色列政府一直把推动创新作为国家发展的重中之重,不仅在法律法规、资本供给、科创管理体制等方面形成合力,鼓励和保障科技创新,而且将科技创新的成果应用到项目决策、投资管理等方面,实现精准投融资。以色列实行首席科学家负责制,主要部门负责制定年度科技计划、资助科技研发、协调指导科技活动，促进政产学研有机结合。近几年，随着金融科技技术的快速发展和迅速普及，首席科学家逐渐引入人工智能、大数据等底层技术，在财报规范、研发资本化处理、计划定量控制等方面进行智能化处理和决策。在年度计划中将工作机制的自动化、智能化纳入下一步工作重点，增加决策有效性。

● 赋能创新生态系统，优化科技中小微企业融资。在以色列数千家创新企业中，绝大部分是中小微企业，资产总额超过10亿美元的企业屈指可数。中小微企业有根据市场需要灵活选择或快速反应改变创新方向的优势，但抗风险能力相对较差。基于此，以色列实施技术孵化器计划（Technological Incubators Program），以"共担风险，但不分享收益"为原则，为创业企业提供场所、资金、技术、市场等服务。政府对孵化器的数量和运营模式有严格的限制和规范，扮演"母基金"的角色为种子阶段科技创业企业提供资金支持。在此基础上，以色列政府逐步引入金融科技底层技术，在三个方面不断提升科技金融服务中小微企业的能力。一是建立智能工作机制。以人工智能等技术取代部分创新创业企业的入驻申请，量化相关企业技术实力、人力资源，辅助入驻决策。二是构建辅助投资运营的自动化处理机制。采用云计算和大数据等技术，标准化、格式化相关创新创业企业的财务情况、人员流动情况、技术研发情况等，"量体裁衣"，辅助相关运营决策。三是实行分类分批精准对接机制。目前，以色列已经形成由创业企业、孵化器、加速器、工业园区、风险投资和国际资本等组成的创新创业生态系统。在系统运作过程中，采用底层关键技术对相关企业、孵化园区进行分类分层，建立不同的数据库和采集字段，运用不同的模型测算运营情况，赋能创新生态系统，优化科技中小微企业融资。

● 双向赋能，打造互利共赢商业模式。以色列部分科技金融平台类企业在加大投资金融科技企业的同时，利用被投资企业的技术赋能自身提升投资效率、降低成本。在相关平台上，商业"痛点"被转化为金融科技生态系统和创新实验室里的解决方案。例如，以色列科技金融平台The Floor 通过孵化金融科技创新项目，一方面为合作伙伴和入驻会员发展赋能，另一方面将被投资企业及合作伙伴的最新研发成果应用到自身投资决策中，双向赋能，打造互利共赢商业模式。目前，科技金融重点孵化项目主要集中在区块链、人工智能、生物识别等行业，金融科技技术在科技金融领域的应用主要集中在信贷服务、风控决策、身份采集等方面，主要用到能够标准化和量化、具有重复操作性和规律性的业务中，发挥辅助决策作用。随着人工智能、量子技术等不断落地，相关技术的应用已经被纳入平台投资活动。

美国——优化平台服务功能，提升企业融资效率

美国高科技产业和金融行业都极为发达，金融与科技加速融合。政府加强顶层设计，以金融科技技术降本增信、加强对接，为科技中小微企业解决融资问题、实现快速稳定增长创造条件。金融科技与科技金融协同共进，科技中小微企业蓬勃发展。《2019胡润全球独角兽榜》显示，截至2019年6月30日，进入胡润研究院观察的全球科技初创企业共有494家，美国占比41.1%。

● 政府完善政策体系，以金融科技技术赋能科技中小微企业。在2016年的白宫金融科技峰会上，政府就金融科技如何助力中小微企业发展问题专门进行讨论，并于2017年出台了《金融科技框架》白皮书，明确了包含金融科技在内的金融服务行业可在科技中小微企业融资中扮演网络借贷平台、众筹平台等角色，为其拓展安全、可承担、公平的融资渠道。加强人工智能、区块链、大数据等技术与财税、金融、信用工具等联动，识别科技资源的潜在价值和风险，加速科技资源和金融资源有效对接，为科技中小微企业提供融资机会和发展机遇。

- 依托金融科技底层技术打造科技金融平台,推动科技中小微企业降本增信。一是美国金融科技企业利用大数据、人工智能等技术为科技中小微企业搭建融资平台,实现资本与科技中小微企业的有效对接,降低科技中小微企业融资成本。二是利用大数据和区块链技术,在加强科技中小微企业与科技金融企业对接的同时,辅助相关科技金融企业为科技中小微企业提供智能化授信增信服务,整合中小微企业信用信息并对其进行评估,以更好地解决融资难问题。

- 运用金融科技技术促进投资者与小微企业有效对接。部分金融科技企业利用大数据、云计算等底层技术,专门为科技型小微创业企业对接投资者。美国MIT(麻省理工学院)校友会和创业工坊在推进专利技术转化的同时,将大数据、云计算等底层技术应用到科技型小微创业企业和投资者对接中,形成了特有的对接模式。在对接过程中,科技型小微企业将格式化、标准化的专利、信用数据呈现给投资者,投资者利用金融科技底层技术估算相应资产的潜在价值。经过几年的运作,美国正在形成专门做技术产品融资转化的科创融资平台。

英国——政府主导打造"金融+技术"服务新模式

英国一直被视为欧洲科技创新中心。2019年,英国科技行业投资规模猛增至132亿美元,同比增长41亿美元,达英国史上最高水平。英国数字经济委员会的调研报告显示,英国科技公司获得的风投规模2019年同比增长44%,增幅超过美、中、德、法。英国政府推行一系列政策措施以增强科技中小微企业的生存能力和竞争力。目前,借助金融科技底层技术,英国的科技金融服务机构可以加速实现信息的有效传递与融资服务的线上化、智能化运营。

- 政府实行"银行推介计划"促进融资信息的双向流动。根据《中小企业(信用信息)管理条例》和《中小企业(金融平台)管理条例》,

2016年11月1日,英国政府发布了"银行推介计划"(Bank Referral Scheme),帮助小企业增加获得融资的机会,提升在借贷市场上的竞争力。其主要运作模式是:在小企业同意许可的前提下,爱尔兰联合银行(Allied Irish Bank)、爱尔兰银行(Bank of Ireland)等九家银行必须将其拒绝放贷的小企业信息推送给英国政府指定的四大融资平台。这四大融资平台以匿名方式把小企业信息分享给民间网贷平台、众筹等非正规银行体系。借助大数据、人工智能等新技术,建立非正规银行体系和银行业的联动机制。当小微企业在其他替代融资平台得到小额融资、便利融资并获得成长后,非正规银行体系平台将信息推介给银行,使小微企业后续能获得更大额的融资。

● 形成以技术赋能业务智能化运营的"中小企业成长基金"模式。2011年4月,英国银行家协会、汇丰银行和渣打银行等发起设立了"中小企业成长基金"(BGF),旨在整合政府部门、商业银行、社会团体及个人投资者的资源,为中小微成长型企业尤其是成长型科技中小微企业提供股权投资基金,该基金目前已经发展成为英国重要的中小微企业投资机构。BGF通过专业化信息网站接受投融资申请,借助底层技术逐步实现服务的线上化与智能化,并按规范的投融资流程为通过申请的企业提供融资资金,投融资时间最长达10年。BGF不对其出售投资份额设定时间限制,会对经营良好的中小微企业追加投融资。

金融科技与科技金融融合路径分析

金融科技赋能科技金融路径

北京的金融科技发展在国内位居前列,发挥着引领示范作用。近年来，北京金融科技投融资额快速增长，是全国金融科技投融资最为活跃的地区之一，2019年，北京金融科技融资额达485亿元，占全国74%[①]。依托中关村国家自主创新示范区的创新优势，以及金融街的总部金融机构优势，中关村吸引聚集了大量金融科技企业。截至2019年年底，中关村典型金融科技企业近500家[②]，采用人工智能、大数据、区块链等金融科技底层技术的企业数量位居全国前列。总体上看，中关村初步发展成为国内综合优势领先的金融科技创新区域。

根据中关村互联网金融研究院对中关村金融科技企业的调研，36%的中关村金融科技企业业务涉及赋能银行为中小微企业融资，其中只有小部分业务涉及为科技中小微企业融资，当前合作的方向和措施主要包括以下方面：

第一，搭建供应链"AI+金融"服务平台。通过应用AI技术建设数融AI金融科技平台，与供应链场景、金融机构合作，为供应链上下游中小微企业提供与供应链交易无缝融合、数据驱动的交易融资服务。例如，第四范式和中关村银行以产业金融服务与AI技术的融合作为切入点，一方面，平台将金融服务融入供应链交易管理过程，与企业的生产经营管理结合，让中小微企业享受金融服务，同时通过金融服务，将AI技术融入供应链企业运营管理的每个环节；另一方面，基于第四范式的AI技术，平台对供应链数据、企业数据、市场数据以及银行数据进行分析、实时计算与监测，使银行及时了解企业资金需求并认知企业经营能力与风险状态。

第二，探索科技中小微企业智能产融对接服务平台。金融科技公司通过构建知识图谱和科技中小微企业知识库，清洗、建模、分析海量数据，遴选出可供金融机构参考、决策的重要信息，经过多维度数据的筛

[①②] 中关村互联网金融研究院数据。

选、交叉验证，对照金融机构约定的支持条件，筛选出符合金融机构要求的目标客户，实现科技中小微企业和金融服务的精准匹配。例如，顶象科技正在探索科技中小微企业智能产融对接服务平台应用落地，该应用将基于顶象人工智能、大规模风险实时计算技术和平台，协同金融机构进行数据分析、大数据风控建模，构建企业知识图谱，实现融资产品智能推荐算法和模型的建模与验证，为科创企业设计特色融资产品如投贷联动、消费金融、知识产权抵押等。其业务模式和模型仍然处于探索期，合作成效有待市场检验。

第三，构建基于大数据应用和智能风控的中小微企业全线上智能信贷平台。金融科技公司通过数据共享和整合，利用大数据、云计算等技术对结构化、非结构化、离散型、碎片化的科技中小微企业相关数据进行分析，在大数据分析的基础上，帮助金融机构识别科技中小微企业动态运营中的融资需求及其风险，消除信息不对称。例如，东方微银依托"银税互动"，对能够还原中小微企业经营信用的数据进行价值挖掘和应用，建立了以税务数据为核心，工商、司法、征信等数据交互的多维中小微企业经营画像体系，在信用风控上应用人工智能技术，在信贷业务流程上应用互联网技术，帮助银行开发一系列"秒批秒贷"全线上信贷产品，精准服务中小微企业。

科技金融服务科技中小微企业路径

目前中关村拥有超过 1 500 家活跃的投资机构，股权投资、并购重组、投贷联动等持续推进，多层次、多渠道科技金融发展模式逐步成型，科技中小微企业融资环境逐步优化。中关村结合区域内科技企业实际的融资发展需求，不断创新科技金融支持方式、完善科技金融支持体系，已取得良好成效，在全国起到示范作用。

中关村互联网金融研究院的调研显示，中关村科技金融机构服务的科技企业中，中型科技企业、小型科技企业及微型科技企业占比分别为50%、37.5%和12.5%，以初创期、成长期和扩张期为主，对三阶段的支持力度较为平均，科技中小微企业总体资金需求旺盛。中关村科技金融机构为科技中小微企业提供的融资发展措施主要包括以下几方面：

（1）完善信用服务体系。2009年6月，中关村管委会制定了《关于中关村信用保险及贸易融资试点工作的意见》，推动成立由银行、保险、信用机构组成的中关村信用保险及贸易融资服务联盟，构建联合业务创新的投保贷联动机制。以认股权的方式推动贷款业务与创业投资业务紧密结合，使银行、担保机构、小额贷款机构等信贷资金提供者在承担风险的同时可以分享科技企业未来高成长带来的高收益。

（2）创新发展投贷联动模式。中关村管委会与国家开发银行等多家银行合作，搭建政府、银行、担保公司等多方合作的市场化风险分担和利益分享机制。通过银行与投资机构合作，以债权和股权的模式同步平行介入，以满足企业股权融资和经营性融资需求。如北京银行牵头设立"北京银行中关村投贷联动共同体"，搭建中关村国家自主创新示范区投贷联动生态圈，并结合政府针对产业发展、科技创新的各项支持政策，探索先投后贷、先贷后投、投贷结合等创新金融模式，为企业提供资金支持。

（3）支持科技信贷和科技担保产品发展。知识产权质押融资是科技信贷的重要方式之一，2019年，中关村管委会联合人行营业管理部、北京银保监局、市知识产权局发布了《关于进一步促进中关村知识产权质押融资发展的若干措施》，鼓励科技金融机构创新，围绕知识产权质押产品，探索形成中关村知识产权质押融资的新模式、新经验。2016年5月，北京知识产权运营管理公司与中国建设银行中关村分行共同推出了国内首个真正意义上不附带其他条件、可复制的"纯"知识产权质押贷款产品——智融宝，为科技型中小微企业发展提供"知识产权运营＋投贷联动"的全方位金融服务，实现了机制体制、金融工具、商业模式三方面创新的结合。

（4）鼓励供应链金融创新发展。2019年，北京中关村科技融资担保有限公司探索打造"供应链＋担保"新模式，采用纯信用担保的方式，为核心企业的供应商或分销商等科技型中小微企业提供融资担保支持。2020年2月，海淀区政府牵头，北京市金融控股集团、百信银行等优质企业共同开发了"基于区块链的中小企业供应链金融服务平台"，为科创企业北京新晨阳光科技有限公司提供了一笔全线上的贷款融资。

（5）推进引导基金规模化发展。中关村发挥北京科创基金引导作用，会同海淀区、西城区分别发起设立金融科技产业投资基金。在海淀区，2019年拉卡拉、中关村科技园区海淀园创业服务中心、北京昆仑南山投资管理中心等共同投资设立北京考拉鲲鹏金融科技成长基金，围绕金融科技领域开展投资。在西城区，2019年中互金投资基金、领沨资本、熙诚金睿三方签约，共同发起设立新动力金融科技产业投资基金，三方已在金融科技领域投资了华控清交、博雅正链、第四范式、奇安信、简单汇、京东数科等知名企业，累计投资金额超过10亿元，优质储备项目多达50余个。

（6）搭建银企高效对接平台。2019年9月，为破解小微企业融资难、融资贵问题，北京金控集团在相关政府部门领导下，设立并启动运营北京小微企业金融综合服务平台，该平台聚合银政企三方主体，将金融服务供需关系由"以金融机构供给为主导"转变为"以企业需求为主导"，促使科技金融机构与科技企业有效对接金融产品及相关服务，如中关村银行在平台先后发布了"认股权贷款""惠创贷"等多个金融产品。

金融科技与科技金融融合中存在的问题

金融科技赋能科技金融存在的问题

金融科技依托大数据、云计算、人工智能、区块链等新技术,与科技金融机构合作,积极探索构建新型科技金融发展模式,改善企业融资现状。当前金融科技赋能科技金融普遍存在两大问题:

一是企业端数据共享、管理不足。金融科技对数据的丰富性和多维度提出较高要求,当前企业的大量基础数据为政府部门、银行所掌握,各数据集处于孤立封闭状态,没有实现互联互通,一定程度上影响风控模型的科学性,降低了金融机构服务科技中小微企业的效率。当前部分金融机构存在数据多头管理、系统分散建设、缺乏统一的数据质量管理流程体系等问题,造成数据的完整性、准确性、及时性无法满足应用要求。

二是金融科技自身存在局限性。首先,数据及征信体系等与金融科技相配套的设施不完善,相应的法律法规存在很大的不足。其次,部分金融科技底层核心技术尚未成熟,未来发展面临挑战。最后,金融科技的引入给监管体制、监管手段和监管标准带来新的挑战和风险。

科技金融服务科技中小微企业存在的问题

科技金融的融资服务对象大多为科技中小微企业,这些企业具有高投入、高风险的特点,在实际发展中面临多种困难。

政策上,针对中小微企业完整的法律法规体系尚未形成,现有相关政策多为短期政策,在扶植科技中小微企业发展过程中只起阶段性作用,此外，很多政策倾向于大企业，对科技中小微企业，尤其是小型和微型科技企业的政策帮扶较少。

技术上，相较于国外和国内大企业，我国科技型中小微企业技术水平较低，技术人员占比较少，很多企业采取从科研院所或高等院校购买技术成果后进行技术二次开发的方式，这种方式不利于企业创新水平的提高。

管理上，很多科技中小微企业，尤其是微型科技企业，缺乏完整的组织架构和人事管理制度，采取粗放型管理，易导致企业陷入混乱的经营状态。

资金上，我国科技中小微企业融资难、融资贵问题突出。2018年世界银行发布的报告显示，我国中小微企业潜在融资需求达4.4万亿美元，融资供给仅2.5万亿美元，潜在融资缺口高达1.9万亿美元。对中小微企业提供的2.5万亿美元融资中，中小企业获得了99%的融资支持，微型企业仅得到1%的融资支持，融资供给不均衡问题凸显。

金融科技与科技金融融合发展建议

加强数据共享，搭建融资对接平台

金融科技、科技金融以及科技中小微企业都有自身的发展规律，因此，如何做好三方的对接，如何利用金融科技的技术优势和科技金融的资本优势，创新发展模式，是金融科技赋能金融服务科技中小微企业的关键。

一方面，加大合规有效数据的供给。合规有效数据必须符合授权合法、应用有效、信息准确、具备公信力等一系列特征。大数据对数据的质量要求很高，冗余信息数据会造成分析误差。因此，提供合规有效的数据是金融科技底层技术发挥智能化优势的重要保证，其中最重要、最具备合规有效性的数据就是科技中小微企业的税务、水电、社保等数据。

另一方面，搭建融资对接平台。金融科技、科技金融产品开发活跃，但开发痛点、难点往往需要经过很长的反馈周期才能体现。科技中小微企业对融资产品的需求旺盛且多元化，但现有市场很难及时满足。因此，应该搭建融资类平台，对接产品，打造供求闭环。

塑造生态闭环，加强金融科技与科技金融联动发展

金融科技强大的底层技术能够为资金的高效利用提供全方位服务。人工智能、大数据、云计算、区块链等底层技术能够记录、分析资金的来源、流向、效果，综合历史趋势和同业对比量化科技金融服务效率。以金融科技激发资金新动能，需要扩大科技金融体量，为金融科技底层技术发挥作用提供数据信息源。

重点依托科技创新类基金，联合金融科技企业，采用人工智能、大数据等技术建立分类分批精准对接机制，引导、撬动更多的金融资本、社会资本支持优秀科技项目与服务平台的建设。扩展项目数量，为关键底层技术建模训练提供良好的环境，扩大科技金融机构使用金融科技技术的范围。建立制度化和常态化项目推介机制，引导银行等金融机构利用新技术，进一步加大对优质科技企业的信贷支持，开展产业链融资。提高金融科技赋能科技金融的质量，重点创新知识产权质押融资、知识产权资产证券化等产品和服务。

此外，科技金融不仅要服务科技中小微企业，更要服务金融科技中大型企业，使强者更强，打造赋能服务链。鼓励金融科技企业利用全球金融资源，拓宽境外融资渠道。简化金融科技企业并购重组程序，支持金融科技领军企业通过并购重组做大做强。

推动金融科技与科技金融两类标准建设

标准是促进科技成果转化为生产力的桥梁和纽带，是科技成果安全应用的评价依据和风险防控指南。金融科技赋能金融服务科技中小微企业标准化由两个标准化组成：一是金融科技赋能科技金融标准化，主要是在金融科技标准化发展的大框架下，明确赋能标准。二是科技金融服务科创企业标准化，这是一个全新的标准化，主要围绕科技金融为科技中小微企业提供的产品服务、业务流程、信息交换等方面开展标准化工作。两个标准化结合，既能够加快金融服务智能化发展，又能够加速金融科技、科技金融和科技中小微企业融合。

总体来看，未来我国金融科技与科技金融将加快融合发展，银行将继续成为金融科技赋能科技金融服务中小微企业的主力军。转型开放银行将成为银行业未来发展的必经阶段，并且会诞生更多新模式、新业态。同时，合规风控的重要性更加凸显。金融科技具备"金融"和"科技"双重属性，在赋能科技金融的同时会提高风险。因此，强化金融科技监管，降低风险传导效应，是提升金融资源利用效率、全面支持中小微企业快速发展的关键。

你问我答

● 金融科技和科技金融的区别是什么？

金融科技与科技金融这两个词经常被混用。2018年10月发布的《北京市促进金融科技发展规划（2018年—2022年）》中提出，金融科技强调金融和科技的结合，是指新技术带来的金融创新，落脚点在科技，通过创造新的业务模式、应用、流程或产品，对金融市场、金融机构或金融服务的提供方式造成重大影响。科技金融属于产业金融的范畴，落脚点在金融，是引导和促进银行业、证券业、保险业金融机构及创业投资等各类资本，为各发展阶段的科技企业提供融资支持和金融服务的系统安排。金融科技的发展会推动科技金融服务业务线上化、智能化。科技金融的发展会为金融科技发展提供资本支持。二者之间可以相互赋能，以"技术＋资本"新动能、新模式互补互促，最终形成发展闭环。

第九讲

央行数字货币的"前世今生"与未来

第九讲
央行数字货币的"前世今生"与未来

董希淼 中关村互联网金融研究院首席研究员,招联金融首席研究员,亚洲金融合作协会智库研究员,新华社特约经济分析师,中国人民银行支付结算司外部专家,复旦大学等高校兼职教授(研究员),中国互联网协会数字金融工作委员会委员。资深金融从业者与研究者,曾任恒丰银行研究院执行院长、中国人民大学重阳金融研究院副院长、中国银行业协会行业发展研究委员会副主任。主要研究领域是金融体制改革、商业银行理论与实践。

2020年"两会"期间,中国人民银行行长易纲在接受媒体采访时表示:人民银行较早就开始了对法定数字货币的研究,目前已基本完成顶层设计、标准制定、功能研发、联调测试等工作。公众普遍关心的问题是:什么是央行数字货币?它与日常使用的现钞有哪些不同?它将如何影响我们的生活?它会带来哪些投资机会?

2020年8月14日,商务部在一份文件中提及数字人民币,这再次引起人们对央行数字货币的兴趣。其实,中国人民银行早已部署数字人民币在深圳、苏州、雄安新区、成都以及未来的冬奥会场景进行内部封闭试点测试,目前测试工作进展顺利。深圳、苏州、雄安、成都分别是粤港澳大湾区、长三角、京津冀及中西部地区的代表,"4+1"试点范围并没有变化。2020年10月9日,深圳市罗湖区推出数字人民币钱包,深圳的公民均可申请。这是中国版的央行数字货币即数字人民币第一次面向公众进行测试。

中国共产党十九届五中全会通过的《中共中央关于制定国民经济和社会发展第十四个五年规划和二〇三五年远景目标的建议》提出:稳妥推进数字货币研发。这表明数字货币研发将被列入我国"十四五"规划。2020年11月21日,习近平主席在二十国集团领导人第十五次峰会第一阶段会议上的讲话强调：二十国集团还要以开放和包容方式探讨制定法定数字货币标准和原则，在共同推动国际货币体系向前发展过程中，妥善应对各类风险挑战。

央行数字货币的由来

什么是货币？货币是商品交换的产物，货币形态与经济发展密切相关。货币的第一个阶段是实物货币。古今中外，被用来充当货币的商品实物非常多。在原始社会，游牧民族以牲畜、兽皮作为交换的媒介。进入农业社会，人们以五谷、布帛、农具、海贝、珠玉等充当最早的实物货币。再后来，充当一般等价物的贝壳、金银等都曾被当作货币。美国经济学家米什金在《货币金融学》一书中将货币定义为任何在商品、劳务支付或偿还债务时被普遍接受的物质。

中国是世界上最早使用货币的国家之一，使用货币的历史长达5 000年。在我国，实物货币的形态从原始贝币到布币、刀币、圜钱、蚁鼻钱，不一而足。秦始皇统一中国之后，方孔钱开始流行。北宋时期，我国四川成都地区出现了纸币——交子。这是世界上最早的纸币。纸币的出现是货币史上的一大进步，大大提高了货币携带、使用的便利性，促进了商品贸易和经济发展。

1971年，美国尼克松政府宣布美元彻底与黄金脱钩，标志人类社会自此进入纯信用货币（credit money）时代，那些令人眼花缭乱的货币种类成为历史。信用货币是由国家法律规定的，强制流通的不以任何贵金属为基础独立发挥货币职能的货币。目前世界各国发行的货币基本上都属于信用货币。

在实物货币出现之前，商品交换是物物交换，没有货币的物物交换，存在双重偶然性的问题。双重偶然性是指在物物交换时，双方用来交换的物质必须满足对方的需求，比如当一方需要大米，另一方需要猪的时候，只有拥有大米和猪的双方才可以进行交换。货币出现之后，物物交换的双方只需要有一个偶然性。比如，一方拥有一头猪，想要去换 50 斤大米，拥有猪的这方不需要找到拥有大米且需要猪的一方，只需把这头猪卖掉，拿获得的货币买 50 斤大米即可。这大大提高了整个社会的交易效率，降低了交易成本。

数字货币指由央行发行的与现钞并行的数字化货币，是法定货币的数字化形式。一般而言，只有央行发行的由国家信用背书的数字货币才是真正的数字货币。

近年来，主要国家和地区央行及货币当局纷纷对发行数字货币开展研究。美国布鲁金斯学会发布研究报告称，已有诸多国家在央行数字货币研发上取得实质性进展或有意发行央行数字货币，包括法国、瑞典、沙特阿拉伯、泰国、土耳其、巴哈马、巴巴多斯、乌拉圭等。据媒体报道，美联储相关人士表示其正在研究"数字货币对支付生态系统、货币政策、金融稳定、银行与融资和消费者保护的影响"。

我国的央行数字货币（Digital Currency（DC）/Electronic Payment（EP），其中，"Digital Currency"即数字货币，"Electronic Payment"即电子支付工具）具有双重属性：首先，它是法定货币，效力等同于人民币现金（纸币或硬币）；其次，它是电子支付工具。简单来说，央行数字货币就是人民币的电子形式，是数字化的人民币现金。央行数字货币具有无限法偿性，除了信用创造功能外，货币的价值尺度、流通手段、支付手段、贮藏手段等功能它都具备。

央行数字货币的特点

近年来,各种货币概念层出不穷,给公众造成了诸多困扰。因此,需要区分数字货币、电子货币和虚拟货币的不同。

从形态上看,现金主要是纸币、硬币。央行数字货币可能要求在手机银行 APP 里加载一个模块,或者在微信、支付宝里加载一个模块。电子货币是法定货币电子化,例如银行账户电子钱包的余额可用于网络支付。虚拟货币一般也是电子的或者数字的,但它本质上不是货币,而是一种虚拟商品。因为没有足够的信用进行支撑,虚拟货币无法承担法定货币的职能。比特币等虚拟货币最多只能算是私人部门的"类数字货币"。脸书(Facebook)将要推出的天秤币(Libra)从基本属性来看,是与法定货币等值挂钩的数字稳定币,其成为法定数字货币的可能性微乎其微,成为超主权的数字货币更是难上加难。

央行数字货币可控匿名,流通的过程可追溯、可跟踪。事实上,数字货币在使用体验上跟非银行支付工具比如微信、支付宝比较接近。但央行数字货币是匿名的,而微信、支付宝都是实名的,并且关联银行账户,所以完全没必要担心央行数字货币的个人隐私安全问题。央行数字货币支持双离线支付,在不能上网的情况下照样可以给客户支付现金。虚拟货币是去中心化的,而央行数字货币是由央行调控的,具有中心化的特点。

总之,央行数字货币具有两个突出特点:

第一,国家信用背书,具有无限法偿性与强制性。这是微信、支付宝等非银行支付工具所不具备的优势,即便是商业银行的银行卡支付也不具备这些特点。法定货币的背后是国家信用，银行卡支付的背后是商业银行信用，支付宝和微信支付的背后则是互联网企业信用，这三者属于不同的层次。显然，国家信用大于商业银行信用以及互联网企业信用。

非银行支付机构提出，用户账户的余额也是货币，这是不正确的。严格意义上来说，银行卡里的存款并不是货币。真正的人民币是现钞，也就是纸币、硬币，以后还将包括央行数字货币。央行数字货币的背后是国家信用，或者说是央行信用，这是它区别于虚拟货币的最本质的特征。那些形形色色的虚拟货币不是货币，最多算私人银行的数字货币，是因为没有国家信用支撑。在国家消亡之前，没有国家信用作为支撑的所谓"货币"都不是货币，也不可能成为货币。所以，2018年热议的"无现金社会"是不准确的。

第二，币值稳定，适用于各类经济交易活动。这是成为货币的基本前提，也是区别于虚拟货币的显著特征。货币最重要的本质是价值尺度，难以保持币值基本稳定就难以发挥价值尺度的作用。比特币等虚拟货币的价格波动幅度较大，如果将比特币作为交易媒介，这种币值的巨幅波动会给使用者带来巨大风险。

从运营和技术层面看，我国央行数字货币的主要特征是：

第一，双层运营。即央行先把数字货币兑换给银行或者其他运营机构，商业银行向央行缴纳100%的准备金，再由这些机构将数字货币兑换给公众，而不是央行直接向公众发行。商业银行通过数字钱包将银行卡账户余额兑换成数字货币，传送给客户使用。客户之间以央行数字货币进行的支付是通过双离线支付功能实现的，双离线技术在非接触支付上已经运用得非常成熟。

第二，现金（M0）替代。数字货币主要用于小额、零售场景，替代一部分流通中的现金，因此没有利息。M0是货币三个层次的第一个层次，即流通中的现金。一般把货币分成三个层次：M0，M1，M2①，当然还有M3②。央行每月会公布金融统计数字，M0就是流通中的现金，M1是狭义货币，M2是广义货币。到2019年年底，我国M0即流通中的实物现金大概是7万亿元，即流通中的硬币和纸币有7万亿元左右；M1大概有50万亿元；M2大概170万亿元。

第三，可控匿名。电子支付的信息流天然具有可追踪性，央行全部数字货币的流转确权登记由央行登记中心处理，所以数字货币在公众与商业银行之间是匿名的，但央行可以追踪数字货币的流向，以较好地平衡保护隐私和风险防范的需要。

第四，电子支付。交易双方金融机构之间使用电子手段，通过网络把信息传递到银行或者相应的清算处理机构，实现货币交易流转。央行数字货币的电子支付是指流通中的实物现金脱离物理形态，通过数字货币钱包以加密数字串的形态进行电子支付。

央行数字货币运行体系的核心要素有三类："一币、两库、三中心"（见图9-1）。"一币"指形式上，央行数字货币是央行担保并签名发售的代表具体金额的加密数字串。"两库"是数字货币发行库（即人民银行存储尚未发放或已经收回的央行数字货币的数据库）；数字货币商业银行库（即各商业银行存放自身所有央行数字货币的数据库）。"三中心"是认证中心、登记中心、大数据分析中心。

在央行数字货币的技术架构方面，第一是技术中性。在央行数字货

---

① M0指银行体系以外各个单位的库存现金和居民手持现金之和；M1＝M0＋非金融性公司的活期存款，即M0加上企业、机关、团体、部队、学校等单位在银行的活期存款；M2＝M1＋非金融性公司的定期存款＋储蓄存款＋其他存款，即M1加上企业、机关、团体、部队、学校等单位在银行的定期存款和城乡居民个人在银行的各项储蓄存款以及证券客户保证金。

② 在1994年10月28日颁布的《中国人民银行货币供应量统计和公布暂行办法》中，根据当时的实际情况，将我国货币供应量划分为M0，M1，M2，M3，M3＝M2＋金融债券＋商业票据＋大额可转让定期存单等。

第九讲
央行数字货币的"前世今生"与未来

币的开发过程中始终保持技术中性,不对商业银行央行数字货币钱包研发的技术路线进行干预。区块链技术不是数字货币主要采用的技术。要警惕围绕数字货币、区块链的炒作、投机等行为,金融消费者不要盲目参与。第二是央行数字货币钱包。可以在商业银行账户基础上设计央行数字货币钱包,保证央行数字货币可控匿名。

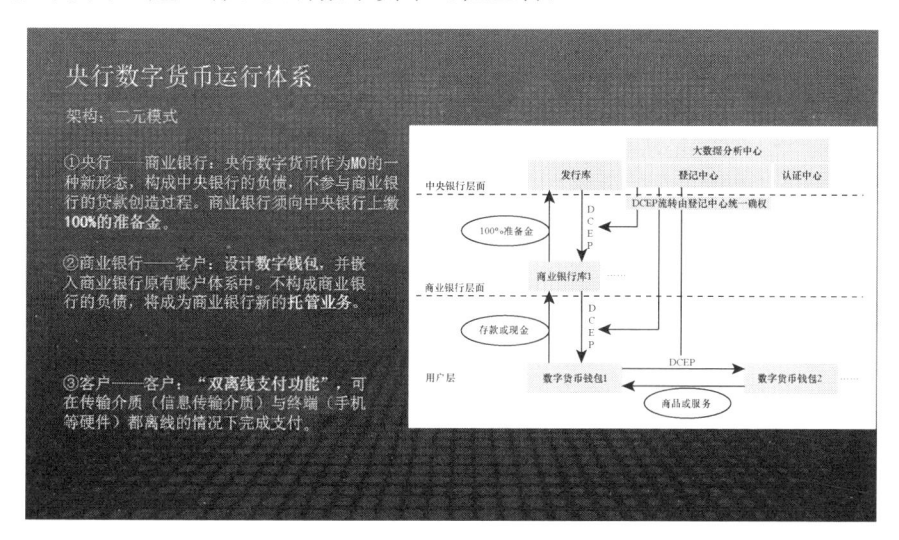

图 9-1 央行数字货币运行体系

资料来源:中信建投证券研究发展部.

央行数字货币将如何改变我们

回顾货币发展史,货币从自然物质货币进化成规制化金属货币,到金属本位制下的纸币,再到纯粹的国家信用货币,形态上不断发展演变的主要原因是提高交易效率,降低运营成本。

近年来,数字经济已经成为全球经济重要驱动力和新的增长点。作为数字经济时代的"新基建",数字货币自然而然受到高度关注。各主要国家之所以高度关注数字货币，就是希望通过发行数字货币满足数字经济发展对货币和支付体系的更高要求。毫无疑问，作为整个金融活动的基础，更加方便快捷的交易媒介和支付方式有利于降低交易成本，提高金融运行效率。现金交易可能存在洗钱、恐怖融资等问题，而数字货币可以追溯交易动态和资金流向，有利于防范违法交易行为。

对个人生活的影响

第一，支付选择更加丰富，支付更加方便快捷。央行数字货币是法定货币，是数字化的人民币，央行正式推行后，任何人不能拒绝使用，否则就是违法。央行2018年专门发布公告，整治拒收人民币现金等行为，并禁止炒作"无现金社会"。如果碰到商户拒绝使用现金，可以向人民银行投诉。

第二，央行数字货币的双离线支付功能，提高了支付的便利性，在没有网络的情况下也可以使用。遇到自然灾害以及居住在偏远地区的老百姓，将体会到数字货币带来的好处。

脸书曾公布全球大概17亿人没有银行账户。央行数字货币恰恰不需要依托银行账户，所以对这部分人群来说，用数字货币更方便。

对微信、支付宝等移动支付方式的影响

央行数字货币会不会冲击支付宝或微信支付方式？从用户角度来看，央行数字货币使用范围更广，具有无限法偿性和强制性，其他支付手段没有这个特征。也有分析称，微信、支付宝的使用场景已经很丰富，央行数字货币推出的必要性不大。这种分析没有清晰认识到央行数字货币的本质。相比移动支付方式，央行数字货币安全性更高，不用绑定银行账户或支付账户，还可以在没有网络的情况下使用，使用范围更广。可以想象，未来支付宝、微信也会介入央行数字货币，其作为支付工具的

功能会增加。还有一种可能：使用央行数字货币的人越来越多，使用微信和支付宝的人越来越少。不过，央行数字货币正式发行乃至大规模应用尚需时日。大家感知并认识数字货币的优势还需要一段时间。

对商业银行的影响

第一，有助于降低商业银行的经营成本。无论是纸币还是硬币，材料、印刷、运输、旧币的回收和处理都需要成本。数字货币除了前期的开发成本，基本没有上述成本。

第二，提升银行业务处理的效率。在现金交易的情况下，商业银行必须投入大量人力、物力、财力进行安保设计、安全程序设计，包括双经办人、逐日核对账款、日终现金轧差制度等。央行数字货币交易统一由央行处理，电子支付天然具有可追踪性，商业银行业务处理效率将进一步提升。

第三，有助于提升商业银行信用评估能力，降低反洗钱成本。"三中心"可以增强商业银行"了解你的客户"（KYC）等能力。大数据分析中心与认证中心的结合可以增强中央对货币体系的管控能力。

第四，拓展商业银行业务，促进银行业发展。数字货币中心化管理模式下，商业银行将会增加业务，包括代理央行数字货币发行、数字货币钱包托管等业务。

央行数字货币给银行带来的挑战体现在如下方面：

一是科技研发的风险。央行不对商业银行央行数字货币钱包研发的技术路线进行干预。这并不意味着数字货币钱包未来没有技术规范，而是在数字货币钱包开发早期，利用市场竞争的形式选择最优技术，从而确定央行数字货币钱包的技术标准，这将产生投资风险，要求商业银行紧跟行业前沿。现在工、农、中、建四大行都参与了数字货币钱包的开发，但最后央行采用什么样的技术目前无法预测。

二是利息负债成本。如果央行数字货币付息，将推升银行业资金成本。如果数字货币计息，将会导致存款搬家，迫使商业银行提高存款利率，推高资金成本。资产端最低收益率的提升将会小于负债端成本的提高。

三是商业银行信用创造机制需要强化。央行数字货币出现后，M0会有两种形态：其一，央行数字货币 M0。其仅仅发挥贮藏、支付手段的职能，不能发挥信用创造的职能。其二，现金 M0。其同时发挥信用创造的职能。假设期初的 M0 保持不变，央行数字货币增加多少，现金 M0 就减少多少。这样一来，如果货币乘数保持不变，最终 M2 将会下降。

央行数字货币何时到来

早在 2014 年，中国人民银行就成立了专门团队，对数字货币发行框架、关键技术、发行流通环境及相关国际经验等问题进行专项研究。随后，央行成立了从事法定数字货币研发的官方机构——数字货币研究所。该所的主要工作职责是根据国家战略部署和央行整体工作安排，专注于数字货币与金融科技创新发展，开展法定数字货币研发工作。2017 年年底，经批准，央行组织部分实力雄厚的商业银行和有关机构共同开展数字人民币体系（DC/EP）的研发。

2020 年 5 月，中国人民银行行长易纲正式表态：目前数字人民币的试点测试只是研发过程中的常规工作，并不意味着数字人民币正式落地发行，何时正式推出尚没有时间表。2020 年 8 月 3 日，央行在 2020 年下半年工作电视会议中提到，法定数字货币封闭试点顺利启动，将积极稳妥推进法定数字货币研发。10 月 9 日，深圳市罗湖区给大家送上一份

第九讲
央行数字货币的"前世今生"与未来

独一无二的礼物：发放1 000万元"礼享罗湖数字人民币红包"，每个红包金额200元，共计5万个。这是数字人民币首次面向公众的测试。此前的测试未涉及公众参与，仅在金融机构、政府部门及相关商户之间进行。不过，这仍然是数字人民币研发过程中的一次常规测试。可以预见的是，我国央行数字货币离正式推出不会太远，值得期待。

鉴于数字人民币前期准备工作较为充分、内部测试进展顺利，建议进一步扩大数字人民币试点测试范围，并尽快正式推出数字人民币，更好地满足公众在数字经济时代对法定数字货币的使用需求。第一，有序扩大试点测试城市。一方面，可增加北京、上海、杭州等京津冀、长三角等数字经济发展较快的城市，；另一方面，可增加兰州、乌鲁木齐、拉萨等金融基础设施相对薄弱的西部城市。第二，适当增加测试银行。在工商银行、农业银行、中国银行、建设银行等四家大型商业银行参与的基础上，可将参与测试的银行扩大到全部六家大型商业银行，并选择一些代表性的中小银行参与。第三，进一步扩大测试场景。数字人民币主要用于小额、零售支付，应用场景的丰富程度将影响数字人民币推广使用。因此，应大力加强与各方合作，加快数字人民币功能创新，丰富线上、线下场景应用，构建更加开放、包容、共赢的数字人民币生态体系。

你问我答

● **未来央行数字货币会不会彻底取代纸币？**

央行数字货币彻底取代纸币很难。纸币使用量可能会下降，但纸币还会长期存在。比如在瑞典这样一个无现金社会，现金并没有消失，只是数量比较少。我国幅员辽阔，区域经济发展不平衡，纸币肯定会长期存在。目前，并不是所有人都喜欢用移动支付方式，偏远地区的人和一些老年人还是喜欢用纸币。移动支付包括银行移动支付和非银行移动支付，它的出现并没有取代纸币，央行数字货币的出现也不会完全取代纸币。尽管流通中的现金不多，但目前还有5万亿元，而且流通中的现金每年以5%~6%的速度在增长，这说明纸币还有存在的必要。

● **央行数字货币是否会加速人民币的国际化进程？**

我们需要消除对央行数字货币的误解，避免过度夸大甚至神话数字货币。我国的央行数字货币只是增加了货币的形式，主要替代流通中的现金，用于国内小额、零售支付。因此，央行数字货币与人民币国际化关系不大。

● **央行数字货币的发行是否会冲击互联网银行的发展？**

央行数字货币的发行会促进互联网银行的发展。现在互联网银行没有线下的网点，或者说线下网点不对外营业，无法提供现金服务。采用央行数字货币，这样的问题就不存在了。在信贷投放、转账支付等方面对互联网银行也会有很大的促进。因为制约互联网银行发展的一个很大的原因就是账户问题，一类账户需要到线下去开，二类账户在验证要素上还存在一些问题。疫情期间央行放开了二类账户的一些功能，比如二类账户可以用来代发工资。而央行数字货币无须依托银行账户，对互联网银行来说，这意味着更多的机会。

第十讲

监管科技

第十讲
监管科技

杜宁 中关村金融科技产业发展联盟副理事长，中国互联网金融协会金融科技专委会副主任委员。长期就职于中国人民银行科技司、办公厅，曾赴香港金融管理局、海淀区人民政府交流工作。规划与组织多项全国性重要工程，主笔上百项金融科技和监管科技国家与行业标准，创建我国网上银行技术审核体系，建立我国银行卡、电子支付与移动金融标准体系。

自 2017 年以来，"监管科技"这一名词越来越多地出现在大众视野中。尤其是 2018 年，在和 11 位业内专家共同撰写了国内外第一本监管科技的专著《监管科技：人工智能与区块链应用之大道》以后，笔者对监管科技有了更多的情怀和关注。有些公司制定战略方向时，把监管科技与 toG、toB、toC 并列起来。原因在于监管科技不同于传统的 toG 或 toB，它其实是 G 与 B 之间的桥梁。本讲旨在从本质到最佳实践，为读者展现监管科技的全貌。

监管科技的时代背景与现实意义

"监管科技"这一名词最早在国内被提及是在 2017 年 3 月中国人民银行科技工作会上，中国人民银行副行长范一飞提出要利用"监管科技"提升央行履职能力和金融行业整体水平。当时，P2P 未熄、ICO 方兴。如何加强对新兴技术与模式的监管，如何利用技术手段引导新技术应用更好地合规与发展、用技术手段防范技术应用的风险，成为摆在时代面前的一个新课题。

对监管科技在金融科技时代所发挥作用的理解不断加深源于对几个

生活中案例的感悟。

第一个案例是帆船的"Running"与"Dead Run"（见图10-1）。

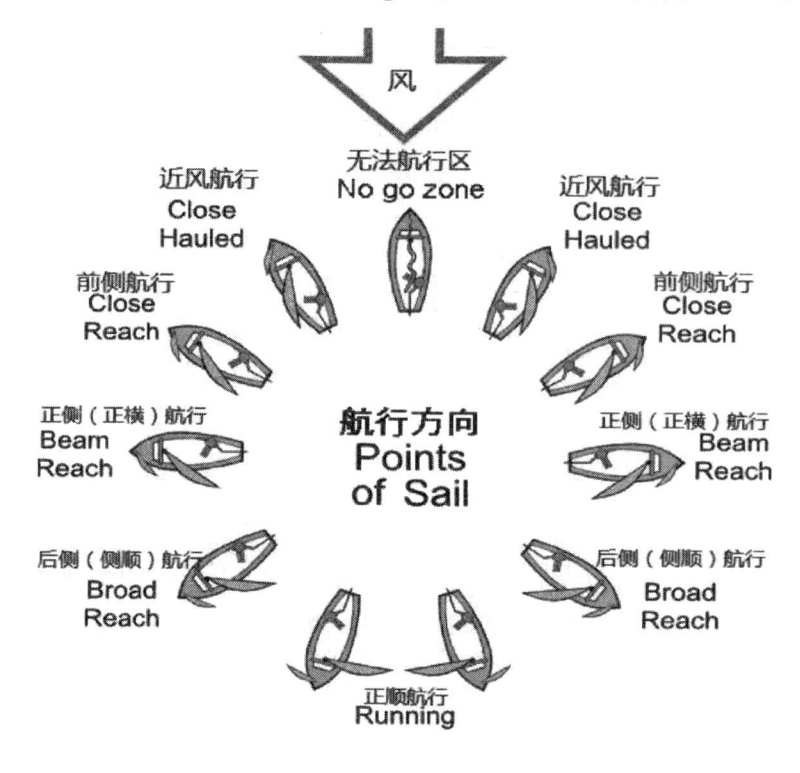

图 10-1 帆船的航行

帆船是靠风吹帆带来的动力向前行进的，通过调整帆的方向和船头的方向，风的动力和水的阻力形成合力，使船按照希望的方向不断行进。在理想的情况下，风的方向和行进的方向恰好一致，理论上，只要将船头调向正前方，使帆垂直于风的方向，船就能以最快的速度朝着目标"乘风破浪"。但实际上，即使在这种情况下，依然需要让船头与行进方向形成一定的角度，使船按照"之"字形向目标前进，这时船才进入最佳"Running"状态。反之，如果坚持让船头朝着目标的方向，则难以调整方向或减速，这是经验丰富的水手会尽量避免的

"Dead Run"情形。

帆船的"Running"与"Dead Run"使笔者更清醒地认识到一往无前、毫无约束地"疯"速发展，其实潜藏着巨大的危机。

第二个案例是汽车和火车的"最高"速度和"最佳"速度。

随着科技的发展，不论是汽车还是火车，其最高行驶速度有了很大的突破。对汽车而言，一些高档车的发动机支持其长期稳定地以200～250km/h的速度行驶。而各国的汽车最高时速限定在120km/h左右。对火车来说，由于其行驶在全封闭路段上，在某些路段上高铁的稳定时速锁定在350km/h。2011年温州发生重大事故之后，高铁的平均时速降到了300km/h以下。

"最佳"速度并不仅仅取决于发动机的功率，而是动力系统、制动系统和控制系统平衡的结果。除了技术本身，人对技术的操控性也成为决定"最佳"速度的主要因素。

第三个案例是中医的故事。

由于工作压力太大，笔者睡眠质量很差，于是去看中医。许多专家鼎鼎有名，一号难求，我虽坚持服药，但是苦于不能谨遵医嘱，所以疗效甚微。直到遇到世红医生，她提出的新中医理论令我耳目一新。大概意思是，治疗应该是在预测既有环境不会改变的情况下找到调整身心的方法，甚至要预测到环境可能会进一步"恶化"。在世红医生的引导下，我开始了运动、饮食、睡眠和药物的"组合拳"疗法，即使在工作任务更重、压力更大的环境下，仍调整好了自己的睡眠。

这让我深深体会到管理也应该与时俱进，比如对金融科技的管理，不应因害怕产生新的技术风险而弃之不用，而应该在新的技术环境下，谋求如何更好、更健康、可持续地发挥技术的作用。

金融科技高速发展，人工智能、区块链、多方计算、量子计算、物联网等高新技术为我们描绘了一个生动美好的未来，但也不免让人担心其是否会像其他曾经大火的概念一样遇冷。

在金融科技之初就引入监管科技的理念,可以有效避免金融科技进入"Dead Run"的状态,可以同时提升金融科技发展的"制动系统"和"控制系统"的能力,提升金融科技的"最佳"速度,可以与时俱进地推动新技术的广泛应用。

加入监管科技理念的金融科技可以有效提升监管部门对新技术、新应用、新模式的监管容忍度,为金融科技争取更大的发展空间。中国人民银行副行长潘功胜在2018年年底举行的中国互联网金融论坛上做过经典描述:"市场主体需要深入地理解效率与风险的平衡,理解监管与行业自律的关系。一旦潜在风险过度累积和暴露,会迫使监管部门降低对监管的容忍度,强化监管的刚性,采取更加严格的监管理念和监管措施。"

监管科技的角色与目标

监管科技在金融科技发展中究竟扮演什么样的角色,发挥什么样的作用?

在特定的经济条件下,金融服务都是有宽度和厚度的,如图10-2中曲线AIB所示。金融服务的宽度是指金融服务的对象范围,金融服务的厚度是指金融服务的质量。农业社会中,金融服务的对象范围有限,仅仅为农业生产,厚度为金融工具的初级使用,具体表现为单纯的农业储蓄以及简单的支付,可用图中曲线FG表示。到了工业社会,金融服务的宽度和厚度进一步拓展,金融产品也日益丰富,满足了工业发展的需要,可用曲线AIB表示。而到了信息社会,个人生活呈现出全面线上化,对碎片化、高频率的金融服务需求旺盛,这对金融服务提出了新的要求，金融服务的边界进一步拓展。从宽度上看，互联网排除了空间上的物理障碍，在偏远地区同样可以提供具有普惠性的金融服务。从厚度上看，新的线上生活场景下，金融服务也有针对性地做出回应，积极推动金融创新，这时可用曲线 DHC 表示。

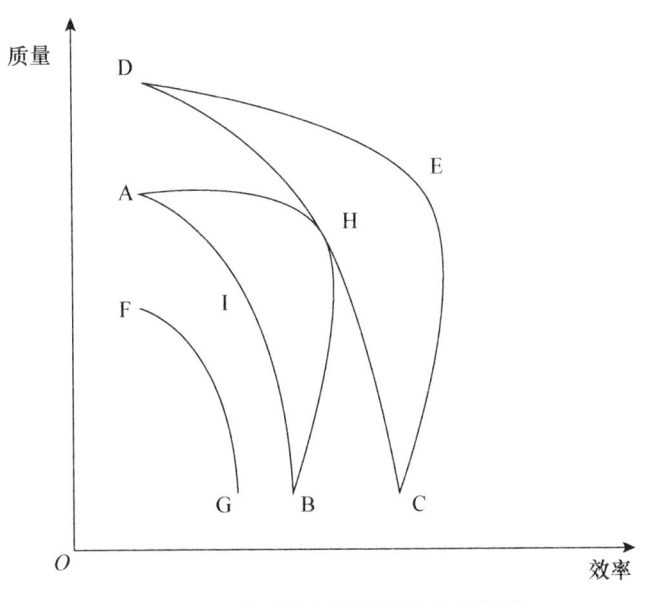

图 10-2　金融服务的质量与效率模型

资料来源：杜宁，王志峰，沈筱彦，等. 监管科技——人工智能与区块链应用之大道. 北京：中国金融出版社，2018.

如果监管过于严格、过多干预金融活动和金融体系，曲线会收缩为 DHB，而监管缺位容易导致金融过度创新从而产生风险，曲线将收缩为 AHC。合适的监管科技的引入，可以同时提升质量与效率，DEC 是最理想的目标曲线。

从监管部门和被监管机构的视角来看，监管科技在同时提升质量与效率方面略有不同。被监管机构作为微观个体，主要关注的是降低成本，避免违规，提升经营效益；监管机构则需从宏观的角度提升整个行业的风险防控水平，强化合规管理，确保行业稳定发展。

部分研究者只把监管科技定义为监管机构自身的信息化，我们认为监管机构与被监管机构均是监管科技的主体。对于监管机构，监管科技包括管理与服务两个层面："管理"是指检查被监管机构是否合规、是否有效贯彻国家大政方针的高新技术手段（如人民银行反洗钱现场检查系统）；而"服务"是指促进被监管机构合规和履行国策的行业级高新技术基础服务设施（如人民银行征信系统）。对于被监管机构，监管科技则包括风控与合规两个方面。

更值得关注的是，金融科技的发展给传统风控与合规带来了巨大的挑战。比如，在应用人工智能技术的同时，要处理好决策结果不可解释性、预测不可实现性、同质化使用引发市场连锁风险，以及过于依赖人工智能算法的可靠性等问题。在应用区块链技术时，则需要解决上链数据真实性、上链数据隐私性等现实问题。生产力提升带来的新问题往往需要靠新的生产力来解决，新技术应用带来的问题需要用技术手段来解决。金融科技的监管技术，能够更有效地发挥高新技术的潜力，更好地实现降本增效，我们将其列为监管科技的一个方面。当然，在实际应用中，会与风控技术、合规技术等有一定的重合。

综上，可以用下面的等式表明监管科技的范畴与基本概念：

监管科技（RegTech）＝SupTech（监管端）＋CompTech（合规端）
　　　　　　　　＋行业赋能基础设施＋风控系统
　　　　　　　　＋金融科技的监管技术

监管科技实施路径

在了解监管科技可以推动健康发展、可持续发展的同时，人们可能会对监管科技有更多的期待,也希望自己能够在监管科技领域有所作为。如何迎接和拥抱监管科技呢?要做到两个关注、两个理解、辩证地认识几个概念。

关注科技

有位专家对"科技"一词有独特的见解。他认为不同时代的人对哪些事物属于科技的认识是不同的,但是能从中找到规律,即人们会认为自己出生之后才产生的东西是"科技"。对于老一辈人来讲,电灯、电话、抽水马桶就属于科技;对于我们这一代人来讲,电脑、手机、互联网是科技;对于下一代人来讲,可能量子计算、碳基芯片才是科技。

从这个定义来看,"金融科技"一词的含义应该是:利用人工智能、区块链、多方计算、5G等新兴技术的超常规特征,做到突破旧瓶颈、打造新产能、进入新境界。

监管科技是面向新技术、面向未来的应用。从技术本身来说,如何妥善有效地应用技术,同时避免新技术带来的新风险,是一个非常值得关注的问题。以目前炙手可热的人工智能为例,机器学习,尤其是深度机器学习,其模型训练的过程是一个"黑匣子",由于其非冯·诺依曼结构,在固定状态下,即使是相同的输入,也可能会出现不同的输出结果,这使得通过机器学习训练出的模型难以进行审计和回溯。在这种情况下,不管是恶意代码还是数据投毒,都可能使得人工智能华丽的衣装里面藏有"污垢"。而对于基于机器学习的联邦学习而言,保障各方交换的共享梯度真实、正确,成为联邦学习是否可以有效发挥作用的重要前提。

另一个有趣的例子是关于区块链的。在区块链普及的初期,许多不明就里的人认为区块链就等于安全、可信、不可篡改和永久保存,殊不知一个设计不合理的区块链可能并不具备以上这些优点。就算这个区块链具备以上所有优点，应用时仍需要处理好相关问题。比如，上链数据真实性的问题，如果链下的资产是一头鹿，而在上链时被登记为一匹马，恰好共识机制不会对资产的真实情况进行甄别，那么一个现代版的"指鹿为马"事件就发生了。又如，链上数据的隐私保护问题，很多地方以区块链作为解决电子政务数据共享问题的良策，但是将部分数据共享给集中节点尚且还担心泄露和非法使用等问题，若将所有数据放到一个对等节点都能完全控制的链上，泄露数据的可能性会以乘数形式增加。

关注第一原理

第一原理是指从事物的本质出发，而不是从事物的表象出发去达成结果。比如埃隆·马斯克设计的火箭和乔布斯设计的手机，均不是在以往同类产品的基础上进行迭代，而是从原理和需求出发，重新建立一整套新的体系。一个好的监管科技产品和一个好的金融科技产品一样，都是从新技术的原理和本来的需求出发，从根本上实现降本增效。比如，中国互联网金融协会近日发布了一款新的个人合格投资者认证线上产品。

个人合格投资者认证，是指金融机构在向个人投资者销售非公开募集的资产管理产品时，需要对其金融资产、收入流水等条件进行认证（其中的一项必须高于某一阈值），以判别其是否具备相应的风险识别和风险承担能力。我国《证券投资基金法》《关于规范金融机构资产管理业务的指导意见》等法律法规分别对证券、保险、基金等行业的合格投资者认证要求做出明确规定。

监管机构要求金融机构进行合格投资者认证，原因在于非公开募集的资产管理产品属于高收益金融产品，其风险高于银行存款、股票等公开发售的金融产品，因此认证成功的合格投资者由于金融资产或收入较高,即使事后发生损失,这些损失也在其可承受范围内。合格投资者认证既能避免金融机构的不当销售行为,也能有效保障投资者购买与其风险承担能力相当的金融产品,是确保资产管理业务规范健康发展的重要保障。

目前,要实现个人合格投资者认证,需要提供投资者的姓名、身份证、金融资产余额、个人工资流水、家庭关系等信息。但是,《信息安全技术 个人信息安全规范》(GB/T 35273—2020)规定,银行信息、账户信息、征信信息等金融信息均属于个人敏感信息,《个人金融信息保护技术规范》进一步将这些信息划分为C1、C2类敏感信息,并要求除法律法规与行业主管部门另有规定或开展金融业务所必需的数据共享与转让(如转接清算等)外,这些信息不应直接共享、转让。因此,金融机构在落实合格投资者认证要求时,只能采用投资者提交相关材料的自证方式。客户需要提供经有关部门盖章的金融资产证明、经有关部门盖章的个人收入证明等,金融机构对材料认证负有法律义务。

这种方式存在认证效率低、客户体验差、行业监管难的问题。对个人投资者而言,认证涉及材料较多,负责提供这些材料的部门也多了一份责任,配合程度不会很高,因此个人办理手续平均需花费3~4天。对金融机构而言,需要投入大量具有一定经验的人员对投资者就如何获取各类不同的专项材料进行指导,并对客户提交的由不同机构出具的非标准纸质材料进行审核。对监管机构而言,立法初衷旨在推动行业健康发展、保护消费者利益,但在具体操作过程中,并不能为金融机构和个人投资者提供最佳实现案例并为之赋能。因为实际操作中,即便合格投资者认证过程与程序十分严格,金融机构仍然难以完全验证投资者提交材料(如收入证明)的真实性,也难以防止投资者利用时间差从不同金融机构套取资产证明的情况发生。

监管科技的引入,将从生产力提升的角度解决当前生产力水平下难以解决的矛盾。中国互联网金融协会基于多方计算技术构建了个人合格投资者认证平台,在投资者的授权下,对其分布在不同金融机构的金融资产,通过"可用不可见"的方式在平台上进行求和计算,以确认投资者是否符合合格投资者的条件。采用基于同态技术的隐私查询功能,能同时保护金融机构的商业秘密。被查询方不知道查询方查的是谁,而查询方只能得到客户个人合格投资者认证的结果,得不到任何关于投资者的金融资产或收入的明细数据。值得一提的是,在整个过程中,认证平台不直接"接触"任何数据,能充分保证平台的中立性。

实施基于监管科技的合格投资者认证平台,可以取得多赢的效果。对投资者而言,该方案大大节约了其认证的时间成本和人力成本,切实做到了"群众少跑路";对金融机构而言,既提升了审核准确率,又提高了审核效率,还降低了审核成本;对监管部门而言,认证全流程可验证、可追溯、可解释、可审计、可监管,提升了监管的及时性、有效性和穿透性,实现了监管的目的,达到了监管的效果。

通过该案例,我们回看一下第一原理。个人合格投资者认证的目的是防止金融机构把非公开发行的资管产品销售给不适当的个人投资者,其出发点是更好地服务金融消费者、维护其权益,降低行业风险。当前的最佳实践和指引,如要求投资者本人提供商业银行开具的盖章纸质存款明细,是为更好达到目的服务的,而不应成为目的本身。

理解监管科技的特点

- 实时性。在信息时代,监管部门发现问题的速度是决定其工作成功与否的重要因素。具备实时性的监管科技是使监管由事前准入和事后处置转向事中监管的重要手段。如何既能实时获取多个金融机构的实时或准实时生产数据，同时又避免监管机构成为风险过度集中的节点？应用多方计算技术可以达到"只帮忙而不添乱"的效果。

● 预测性。监管机构一旦获取了更多机构、更多维度、更大数量的数据，其利用 AI 技术实现行业风险防控建模的水平必然会极大提高，这将提升整个金融行业的风控水平，直接创造价值。

● 可持续性。监管科技的系统可以 7×24 小时无间断、高质量运行，不会存在人类因体能、情绪和其他因素导致的中断或水平参差等问题。同时，因为监管科技系统的数据在不断更新，其模型也会不断迭代，从而适应进一步发展的需要。

● 协同性。不同监管科技系统之间可以通过 API 或者 SDK 接口，实现功能对接和数据安全共享，提升综合监管、协同监管的能力。

● 可审计性。有效利用区块链或分级授权等技术，可以使得监管科技系统的操作留痕。在实现数据标准化的基础上，甚至可以轻松地完成对监管的自动审计。

理解监管科技的作用

一是提升合规效率，降低合规成本。对于被监管机构，繁杂的合规类报表可由机器填报和处理；对于监管机构，可以自动生成金融机构违规后的处罚决定，监督整改状况。

二是提高监管的规范性和协调性。广泛应用数字化监管协议，可以促进金融监管领域中多个监管目标的协同，发现监管要求间不一致或不合逻辑之处。

三是提高监测、识别和防范金融风险的能力。利用"穿透式监管"可以看清业务实质，自动感知和预警金融风险。

四是助力从"机构监管"向"功能监管"和"行为监管"的演进。

通过监管科技手段，可以加强宏观审慎和微观审慎监管协调配合，防范跨业态的风险传导。

五是提高金融普惠水平。自动、精确、全面地对贷款主体的信用情况画像，可以降低普惠金融成本。

六是平衡金融创新与风险。应用监管科技，可以提高金融行业整体生态的公平性，降低金融创新的负外部性，并推动金融科技转型升级。

七是提高监管的透明度。在保障个人隐私、商业秘密的前提下，对数据进行不同维度的计算分析，可以减少信息不对称，使监管部门及时掌握和公布更准确、质量更高、范围更广的金融行为信息。

八是维护投资者权益。可在合法授权前提下，基于投资者交易记录、资产等情况，客观地评估其风险承受能力。同时，监管科技还可以通过制定金融产品标准体系，及时披露金融产品的各类信息，消除投资者的信息不对称，将保护投资者权益关口提前。

辩证地认识几个概念

首先是金融科技与监管科技。按照金融稳定理事会的定义，金融科技是指技术带来的金融创新，可以创造新的模式、业务、流程与产品，既包括前端产业，也包括后台技术。从金融机构这一主体来看，监管科技可以定义为服务风控与合规的金融科技。从监管机构的角度来看，监管科技与监管信息化一脉相承，属于监管信息化发展到金融科技时代的产物。在这个前提下，监管科技可以定义为服务与管理金融科技的监管信息化，既包括提升整个行业金融科技水平的基础设施平台，也包括适应金融科技产品与模式创新的监管科技手段。通过新的技术手段提升传统监管水平也包括在内。其中，对金融科技本身的监管，比如对人工智能的审计、对区块链的治理，也称为科技监管。

其次是金融科技与科技金融。科技金融通常是指为支持科技创新而开展的各类服务，强调金融对科技进步的支持作用。金融科技强调的是将现代金融与科技结合，推动金融业务的发展。二者是相互推动、互相促进的关系。

最后是监管科技与人。科技的发展永无止境，在利用科技实现功能、运用科技创造模式的整个过程中，人的作用不仅没有削弱，反而增强了。监管科技也是如此，监管科技的创造和监管科技作用的发挥都需要人的智慧，哪怕是基于机器学习的人工智能。

监管科技的未来展望

监管主体的发展

- 数字化：从数据存储进化为智能中枢

一是监管主体在搭建基础信息平台的同时，建立起高效便捷的数字化服务规范流程。这套设施理想的状态是收集、存储并在保护隐私的前提下高速读取和计算内外部数据，使监管主体"耳聪目明"，一方面迅速了解和掌握已发生和正在发生的事件，另一方面对未来的风险进行预判。

二是建立统一的有利于监管科技的数据标准。如最近央行大力推进的法人机构识别编码（Legal Entity Identifier，LEI）将为监管科技解决相关机构标识不统一、不一致的问题。

- 自动化：依赖"机器"为人提供更好的服务

随着高频、非结构化数据日益增多，在原有的标准化数据报送和窗口检查等方式下，成本逐渐增加，效率逐渐降低，出错率则不断攀升。

加强对非结构化数据的自动采集和处理，可以提升人的效率和准确度。

- 智能化：从事前监管到事前、事中、事后监管并存

一是通过机器学习、自然语言处理和知识图谱等技术，实现对金融市场的智能监管，特别是快速预警成交额度、投资者适当性、资金来源与流向等各个层面的异动。

二是充分利用数据挖掘、可视化等大数据技术，引入高频时间序列匹配、交易重演、多维度分析等功能，实现精准高效的客户画像。

三是通过海量数据的多维度比对与深入学习，准确甄别问题金融机构，进行风险预警。

- 精细化：从条块化管理到点线化

监管主体利用监管科技将业务流程细化拆解，进行"原子级"监管，对每一笔交易，不但能够找到合适的监管主体（人或者人工智能系统），同时也会保留相关数据收集、整理与访问的痕迹，将可能产生的风险和责任落实、细化到各个相关主体。

- 平台化：从集中到合理分布

鉴于数据已经成为一种资源，对数据的垄断性占有将使垄断主体获利更多，但会影响整个社会的良性发展。因此，未来的平台要坚决避免"寡头式"集中。可采用若干统一平台共存的方式，存储标准化与统一性的数据，并且具备数据隐私保护和访问权限控制。同时，平台的运行与管理将不限于特定机构，会有大量的行业协会、事业单位参与平台的建设和运营。

监管对象的发展

- 持牌合规经营是红线

风险防控和合规管理是金融科技创新的前提条件，面对金融科技带来的挑战，未来的监管科技将会更加注重在预防风险和鼓励创新之间寻

求平衡，形成既鼓励金融创新又控制金融风险的长效机制。

当前，监管部门高度重视对金融科技企业、互联网金融企业加强规范化管理，资格准入成为保障金融科技持续健康发展的制度性保障。

● 从博弈走向合作

随着区块链等技术的广泛运用，未来监管对象必将在监管过程中发挥更加主动和建设性的作用，通过与监管者、监管科技开发者的密切合作，共同构筑合作共赢的监管架构。

新参与者的发展

● 监管科技企业更加重要

科学技术的发展与应用在很大程度上基于技术的应用成本和成熟度。通常情况下，技术创新与应用最早出现在风险偏好较高的科技企业，待其经受市场的检验后，才被金融机构与政府部门接受与推广。在这个过程中，伴随着技术成本的大幅下降，监管部门大规模应用有了可能。专门的监管科技企业可以有效缩短这一过程，并且在技术创新伊始即植入监管科技的基因，预防新技术被滥用可能带来的风险。

● 各类市场主体迸发出更多活力

从技术研发到市场应用，金融科技产业链条上涵盖了不同类型的主体，包括金融机构、信息化软硬件服务商、新兴高新技术企业、监管机构等，产业健康有序合作的复杂性与协调难度加大。作为科技创新的主要推动者，各类市场主体在创新中必须加强对科技风险以及科技应用风险的防范，提高合规与风控能力。从某种意义上来讲，各类市场主体将因大力推行监管科技而获取更加广泛的创新空间。

随着监管主体、监管对象以及监管科技企业的不断发展，监管科技生态体系也将不断完善，有望形成一个各主体间良性互动、主动补位、大力鼓励健康创新的整体环境，并为其他领域与行业提供可参考的发展模板。

你问我答

- **国务院于 2020 年 11 月印发了《关于切实解决老年人运用智能技术困难的实施方案》，监管科技可以在其中发挥什么作用？**

  监管科技的一个重要作用是通过技术手段推动相关机构贯彻和落实国家的相关政策。针对《关于切实解决老年人运用智能技术困难的实施方案》，监管科技可以用于以下几个方面：第一，可以应用大数据和多方计算等手段，在保护个人隐私的基础上，加强对老年人，尤其是运用智能技术困难的老年人的统计、分析，并对每一片区内能够支持服务运用智能技术困难的老年人的相关机构进行摸查和电子备案，做到有备服务、主动服务，提供更精准、更到位的服务支持。第二，针对各机构服务老年人的情况采用区块链技术进行满意度调查，让实实在在、认认真真落实国家政策的机构能够脱颖而出。这样在前端并没有改变老年人日常的使用习惯，但在后端有了更坚实的技术服务支撑。